인도불교의 역사

인도불교의 역사

초판 1쇄 발행 2018년 8월 29일

지은이 다케무라 마키오
옮긴이 도웅 스님 · 권서용
펴낸이 강수걸
편집장 권경옥
편집 윤은미 정선재 이송이 이은주
디자인 권문경 조은비
펴낸곳 산지니
등록 2005년 2월 7일 제333-3370000251002005000001호
주소 부산시 해운대구 수영강변대로 140 BCC 613호
전화 051-504-7070 | 팩스 051-507-7543
홈페이지 www.sanzinibook.com
전자우편 sanzini@sanzinibook.com
블로그 http://sanzinibook.tistory.com

ISBN 978-89-6545-539-4 94220
     978-89-92235-87-7 (세트)

* 책값은 뒤표지에 있습니다.
* 이 도서의 국립중앙도서관 출판예정도서목록(CIP)은 서지정보유통지원시스템
홈페이지(http://seoji.nl.go.kr)와 국가자료공동목록시스템(http://www.nl.go.kr/
kolisnet)에서 이용하실 수 있습니다.(CIP제어번호: CIP2018023240)

아시아총서 29

인도불교의 역사

다케무라 마키오 (竹村 牧男) 지음

도웅 스님 · 권서용 옮김

산지니

일러두기
* 주는 모두 역자 주이다.

역자 서문

인간의 모든 위대함이나 강함이 초인간적인 것으로써 밖에서
온 것으로 포착되고 있는 한 인간은 스스로 왜소하게 만든다.
인간은 극히 가련하고 약한 면과 극히 강하고 놀라운 두 가지
면을 가지고 있다. 두 가지 영역 가운데를 분열시키고 전자를
'인간', 후자를 '신'이라 부른 것이다.—니체, 『권력에의 의지』

종교란 무엇인가? 말 그대로 '으뜸 되는(宗) 가르침(敎)'이다. 원래
동양 고전에는 우리들이 일상적으로 사용하는 종교라는 개념은
존재한 적이 없다. 종(宗)이라는 단어와 교(敎)라는 말은 동양고전
의 도처에 보이지만 종교라는 일반명사로 개념화되어 제시되지는
않았기 때문이다. 즉 우리가 종교라고 하면 신이나 절대자를 전제
한 기독교나 불교 그리고 이슬람교 내지 힌두교 등의 범주로 떠올
리는 그러한 종교라는 말은 애당초 없었던 것이다.
　우리가 일상적으로 사용하는 종교란 말은 언제 성립한 것일까?
19세기 말 일본은 메이지 유신을 계기로 서양의 문물과 사상을 도
입하여 동아시아 3국 가운데 가장 먼저 근대화의 길을 걷는다. 서
양사상의 중요한 개념들 즉 philosophy를 철학(哲學)으로, science

를 과학(科學)으로, erkenntness를 인식(認識)으로, wissenschaft를 학문(學問)으로, religion을 종교(宗敎)로 번역한 사람은 일본의 계몽주의 철학자인 니시 아마네(西周, 1829~1897)였다. 이렇게 니시 아마네에 의해 처음으로 기독교를 함의하는 religion이라는 말을 종교(宗敎)로 번역한 이래 동아시아 문명권에서는 보편적인 일반명사로 사용되기에 이르렀다.

동아시아 문명권에서 종교로 번역되는 religion은 본래 라틴어 religio에서 유래한 말로서 고래로부터 두 개의 해석이 존재했다. 하나는 기원전 1세기 키케로에 의하면 '다시 읽는다.'라는 뜻을 지닌 relegere에서 나온 단어로 반복해서 낭송되는 종교의식에 초점을 맞추어 초월자에 대한 경외심을 나타낸 것이고, 또 하나는 4세기 락탄시오에 의하면 '다시 묶다', '다시 결합하다'라는 뜻을 지닌 religare에서 나온 말로, 신과 인간의 관계에 초점을 맞추어 원죄로 인해 끊어진 신과 인간의 관계를 재결합시켜 주는 것이다.

이 두 해석 중 주목하고 싶은 것은 '다시 묶다', '다시 결합하다'라는 락탄시오의 해석이다. 다시 묶다 혹은 다시 결합한다는 것은 원래 하나였던 것이 어떠한 계기로 둘로 나누어졌다는 것을 의미한다. 기독교에 의하면 본래부터 하느님의 세계와 인간의 세계가 둘로 나누어졌던 것이 아니었다. 최초의 인간인 아담과 이브가 하느님 몰래 선악과(善惡果)라는 사과를 따먹기 이전에는 신과 인간은 에덴동산에 함께 있었다. 그런데 선과 악을 분별하는 생각을 일으키게 하는 사과를 따먹는 순간, 다시 말하면 선악과를 따먹지 말라는 하느님의 경고를 무시하고 사과를 따먹는 순간, 인간은 원죄를 범하게 되었던 것이다. 이 원죄의 벌로 인해 인간은 에덴동산에서 쫓겨나게 되며 남자는 가족을 평생 부양하기 위한 노동이라는 고통을, 여자는 종족 번식을 위한 출산의 고통을 받게 된다. 이 원죄로 인해, 하느님의 세계와 인간의 세계는 둘로 나누어지게 되었던 것이다.

원래는 둘이 아닌데 둘이 된 세계에서 예수는 십자가를 진다. 예수의 십자가는 이쪽인 인간의 세계와 저쪽인 신의 세계를 연결해 주는 십자의 다리이다. 십자가는 보다 구체적인 것으로 상징화되고 인격화되는데, 그것이 바로 교회이고 말씀이며 성직자이다. 이제 이 십자가의 종교에서는 인간은 신을 직접 만날 수가 없다. 오로지 교회와 성직자와 말씀을 통해서 만날 수 있을 뿐이며 자기의 죄를 사함 받을 수 있을 뿐이다. 이렇게 신과 인간의 이원적 분리의 전제 아래 십자가와 교회 및 성직자의 말씀을 통해서 구원을 받는다는 가르침을 '세속의 기독교'라 한다.

기독교가 십자가의 종교라면 불교는 수레의 종교이다. 작은 수레의 불교를 소승불교(小乘佛敎)라 하고, 큰 수레의 불교를 대승불교(大乘佛敎)라 한다. 큰 수레든 작은 수레든 수레 그 자체는 이곳에서 저곳으로 운반하는 역할을 하는 수단이다. 불교에서 수레가 운반해 주는 이곳은 무명(無明)의 세계이자 중생의 세계이며 저곳은 명(明)의 세계이자 부처의 세계이다. 그런데 십자가와 마찬가지로 이 수레도 보다 구체적인 것으로 상징화되고 인격화되는데, 그것이 바로 사찰이며 스님이며 불경이다. 이렇게 되면 우리는 바로 부처를 만날 수 없게 된다. 오직 사찰에서 스님의 설법과 불상(佛

像)을 통해서만 부처를 만날 수 있을 뿐 자기의 번뇌를 자기 스스로 끊어낼 수 없는 수동적인 존재로 전락한다. 이렇게 깨달은 분으로서의 부처와 번뇌에 의해 구속된 자로서의 중생이라는 극단적 분리의 전제 아래 스님과 사찰 그리고 설법을 통해서 번뇌를 끊을 수 있다는 가르침을 '세속의 불교'라 한다.

십자가의 종교인 기독교는 십자가를 어떻게 보느냐에 따라 세속의 기독교와 승의의 기독교로 나누어진다. 십자가를 나 밖의 예수(하느님)와 교회 혹은 성경으로 본다면 예수와 나, 교회와 나, 성경과 나가 둘이 되어 원죄를 지은 나가 구원을 받기 위해서는 예수를 믿어야 하고, 교회를 믿어야 하며, 말씀을 믿어야 한다. '예수 천국, 불신 지옥'은 바로 나의 존재 밖에 예수(하느님)가 있다는 세속의 기독교의 신앙적 표현인 것이다. 하지만 '자신을 돌아보라(metanoia), 그리하면 천국이 가까워질 것이다.'라는 예수의 말씀은 십자가라는 상징이 나 밖의 예수(하느님)나 교회 그리고 성경의 말씀으로 보는 관점에서 나온 것이 아니라 자기 자신을 돌아보는 그 자리가 바로 천국이며 십자가라고 보는 안목에서 나온 것이다. 다시 말하면 돌이켜 보는 나 자신 속에서 예수와 하느님 그리고 십자가를 본다는 것이다. 이렇게 될 때 예수(하느님)와 나는 둘이 아니라 하나이며 천국은 죽어서 가는 저기에 있는 세계가 아니라 살아서 지금(now) 여기(here)에서 나 자신을 돌이켜 보는 이 자리에서 구현되는 것이다. 이렇게 자기와 하느님, 이 세계와 천국을 둘로 보지 않고 돌이켜 보는 자신 속에서 하느님과 천국을 보는 것을 '승의의 기독교'라 부른다. 세속의 기독교가 맹목적 신앙만을 강조한다면 승의의 기독교는 회심(廻心)하는 지혜를 강조한다.

한편, 수레의 종교인 불교도 마찬가지로 수레를 어떻게 보느냐에 따라 세속의 불교와 승의의 불교로 구별된다. 수레를 나 밖의 부처나 스님 혹은 불경으로 본다면 나와 부처, 나와 스님, 나와 불경이 둘이 되어 번뇌의 구속으로 생사 윤회하는 나 자신이 구제를 받기 위해서는 부처님을 믿어야 하며, 스님을 믿어야 하며, 불경을 믿어야 한다. 이렇게 나의 존재 밖에 부처가 있고 그 부처에게 귀의하며 신앙을 하면 구제된다고 강변하는 것을 우리는 세속의 불교라 부른다. 하지만 '자신을 등불로 삼고 법을 등불로 삼고서, 조금도 방일하지 말고 정진하라'는 부처님의 유훈은 수레라는 상징이나 자신 밖의 부처나 스님 그리고 불경으로 보는 관점에서 나온 것이 아니라 '천상천하유아독존(天上天下唯我獨尊)' 즉 하늘 위 하늘 아래 자기 자신만이 홀로 귀한 존재임을 자각한 자신을 등불로 삼고 조금도 게으르지 말고 노력하는 과정 그 자체가 바로 깨달음이라고 보는 안목에서 나온 것이다. 아울러 수레는 신앙의 대상인 부처나 독송의 대상인 불경이 아니라 바로 부처에 대해 신심을 일으키고 불경을 독송하고자 생각을 일으키는 중생의 그 마음 그 자체임을 자각하는 불교를 우리는 '승의의 불교'라 부른다. 중생은 본래 자성(自性)이 청정하며 그 마음은 소소영영(昭昭靈靈)하여 일찍이 난 적도 없었고 일찍이 소멸한 적도 없다고 하는 그 마음 자체가 곧 수레임을 자각하는 것이 바로 대승불교(大乘佛敎)이다.

인도불교는 크게 다섯의 축으로 구축된다. 하나는 삼세실유(三世實有)와 법체항유(法體恒有)를 근간으로 법자성(法自性)을 주장하는 설일체유부, 둘은 법의 본성이 자성에 있는 것이 아니라 찰나멸에 있음을 간파한 경량부, 셋은 법에 의해 구성되는 아(我)만이 무자성 · 공이 아니라 그 법마저도 무자성 · 공이라고 주장하는 중관학파, 넷은 유식무경(唯識無境)을 근간으로 일체법공(一切法空)을 논증하고자 하는 유식학파, 다섯은 설일체유부의 법유론과 경량부의 찰나멸론, 중관학파의 일체법공사상, 유식학파의 유식무경사상을 종합적으로 집대성하여 구축된 불교인식 논리학파이다. 다케무라 마키오(竹村牧男)의 이 책은 초기불교와 설일체유부, 경량부, 대승불교, 대승중관불교와 대승유식불교를 알기 쉽게 기술한 것이다.

저자는 머리말에서 "이 책은 주로 인도에서 석존 이후로부터 밀교이전까지 불교의 사상적 전개를 추적한 것이다. 한마디로 불교라고 해도 실은 위에서 기술한 바와 같이 다양한 것이 존재한다. 가령 이른바 소승불교[부파불교]와 대승불교는 서로 허용되지 않는 측면조차 있다. 대승불교 안에서도 격렬한 대립을 초래하여 중관파와 유가행파[유식학파] 사이에 격렬한 논쟁이 벌어지기도 하였다. 그러나 그들 모두 하나같이 불교라고 하는 것은 불교도 자신들이 인정하지만 문제는 그들 간의 우열이었다. 그래서 인도에서도 어느 사이엔가 교상판석(敎相判釋, 사상의 높고 낮음의 비교결정)이 행해졌던 것이다. 무엇보다도 그 우열은 불도(佛道)에 자기를 묻고자 하는 주체의 자질이나 능력과의 관계에서 정해져야 할 측면도 있어서 반드시 일의적으로 결정될 수는 없다. 하여튼 상당히 다양한 불교가 같은 불교라는 이름으로 묶여진 이상, 거기에는 무엇인가 입장이나 공통의 사상이 존재하지 않으면 안 될 것이다. 도대체 그것은 무엇인가? 이 책에서 필자는 석존의 깨달음을 실존적으로 음미한 결과, 불교사 전체를 그 '깨달음'의 전개로 파악했다. 그것은 또한 '공' 사상의 의미와 체계를 추구한 사유의 과정이었다고 생각되었다. 이것을 축으로 하면서 간명한 불교사를 구성하고자 했던 것이다."라고 한다.

이 책의 저자 다케무라 마키오는 유식불교 전공자이다. 그는 일찍부터 유식불교에 관한 쉬우면서도 심오한 서물을 대중들에게 선보였다. 최근에는 유식과 화엄 및 『성유식론』과 『대승기신론』 그리고 『선과 유식』 등의 동아시아불교에서 대단히 중요한 텍스트 및 사유들을 쉽게 해석하여 출간하고 있는 성실하면서도 진지한 철학자이다. 이 책은 2004년에 1쇄가 나온 이래 17쇄까지 계속되고 있는 것만 보아도 독자들에게 얼마나 많은 영향을 주었는지를 알 수가 있을 것이다. 이 책을 통해 인도불교의 전체 그림을 그리고자 하는 독자에게는 많은 도움이 되리라 생각한다.

여기 한 물건이 있는데 본래부터 한없이 밝고 신령하여 일찍이 생겨난 적도 없고 사라진 적도 없어서 이름 지을 수도 없고 모양 그릴 수도 없다(有一物於此, 從本以來, 昭昭靈靈, 不曾生, 部曾滅, 名不得, 狀不得).-『선가귀감』

2018년 7월 22일
역자 일동

인도불교의 역사-깨달음과 공

지금 여기는 아무것도 보이지 않는 시대인지도 모른다. 산다는 것은 무엇을 의미하는가? 우리는 무엇을 위해서 사는가? 우리는 그 답을 발견하지 못한 채로 살아가고 있는 것 같다. 이전에 존재했던 가치관이 붕괴하고 아직 새로운 가치관이 정해지지 않은, 그러한 의미에서 이러지도 저러지도 못한 채 꽉 막혀버린 상황에 즈음하여, 지금 우리들은 산다는 것의 의미를 절실하게 찾고 있는 것 같다.

이 시대만이 그러한 것은 아닌 것 같다. 원래 인간은 무명의 한밤중에 어두운 길을 걷고 있다고 불교는 말해 왔다. 만약 우리들이 지금 2중의 의미에서 아무것도 보이지 않는다고 한다면, 지금 여기에서 이미 선덕(先德, 聖人)이 차분하고 깊게 인생에 대해 물었던 그 자취를 더듬어 올라간다면 어떨까? 다행히 동양에는 불교라는 변혁기마다 시대의 가치관을 창조해 왔던 철학이 있다. 그것은 현대 지성의 비판도 감내해내면서 시대를 초극하여 변하지 않는 진리를 전하고 있다. 이와 같은 시대에서 우리가 회심(廻心)해야 할 가르침이 바로 불교이다.

이 책은 석존에서 대승불교의 유식까지 인도불교 사상사를 휴대하기 쉽게 작은 책자로 정리된 것이다. 다시 말하면 석존(釋尊)의 사상, 설일체유부(說一切有部)의 사상, 대승경전의 사상, 용수(龍樹)의 사상[중관사상], 무착(無著)과 세친(世親)의 사상[유식사상] 등을 종횡으로 가로질러 묘사하여 기술한 것이 바로 이 서물이다. 단순히 지식의 열거를 지향하지 않고 깨달음의 체험이라고 해야 할 하나의 종교체험을 토대로 자기와 세계의 진실을 깊이 파고 들어갔던 불교 사상가들의 질문과 사색의 전개를 추적하고자 하였던 것이다.

물론 인도불교 사상사를 온전하고 상세하게 설명하지는 못했지만 이 책을 통해서 독자 여러분들께서 무엇인가 삶의 힌트를 얻는다면 다행으로 생각한다. 그리고 이 책을 통해 무상한 괴로움이 연속되는 현실세계로부터 살아갈 힘을 조금이라도 얻는다면 더 이상 바랄 것이 없다.

그런데 오늘날 필자는 대학에서 주로 일본불교사를 강의하고 있지만 그 배경에 인도불교가 있었다는 것을 언제나 마음속 깊이 새기고 있다. 우리들 마음의 고향이라고 해야 할 일본불교 사상과 문화를 깊게 음미하기 위해서도 인도불교의 사상들을 알아두는 것은 너무도 중요하다. 이 책은 인도불교 사상의 이해에 도움을 드리기 위해 저술된 것이다.

이 책의 전신은 고단샤 현대신서의 『깨달음과 공』이었다. 대략 10년 전에 저술된 것이어서 몇 년 전에 품절되어 유감으로 생각하고 있었는데 이번에 고단샤 학술문고에서 다시 출판되었다.

재출판에 즈음해서는 약간의 보충과 수정을 가하였지만 전체 내용은 이전 그대로이다. 하여튼 동남아시아나 중국과 한국 그리고 일본 및 티베트 등 다채로운 불교사상의 그 원점에 있는 인도 불교 사상사를 다시 출판할 수 있었던 것은 생각지도 못한 일이다. 이 책이 출판되는 데 여러 모로 힘을 써 주신 출판사 관계자 여러분들께 심심한 감사의 말씀을 드리고 싶다.

2003년 12월 8일
쯔꾸바시 고도암(故道庵)에서
다케무라 마키오

머리말

불교는 일반적으로 초기불교[원시불교, 근본불교], 부파불교, 대승불교로 분류된다. 나아가 대승불교와 구별되는 밀교도 존재한다. 초기불교는 석존[기원전 463~383년]과 그 직제자들의 가르침이다. 석존의 설법은 아함경[동남아시아의 상좌부불교에서는 팔리어에 의한 니카야]에 전해진다. 부파불교란 석존의 교단이 성립된 이후의 불교로서 석존의 입멸[佛滅]로부터 대략 100년 이후에 다수의 교단[부파]으로 분열된 시대의 불교이다. 석존의 설법의 이론적 정리가 진행되고 그 철학적 사색도 세밀하게 되어 아비다르마[對法]라고 하는 이른바 존재의 분석을 그 본령으로 하였다. 동남아시아에는 그 가운데 상좌부 계통을 잇는 불교가 널리 퍼졌다. 대승불교는 서기 기원 전후에 흥기한 새로운 불교이다. 문학적으로도 뛰어난 경전을 많이 산출하고 공의 철학이나 유식의 철학도 체계화되었다. 이 대승불교는 중국이나 한국 그리고 일본 및 티베트 등에도 전파되어 각각의 토양과 풍토에서 더욱 독자적인 전개를 성취하기에 이른다. 7~8세기 이후의 인도에서는 대승불교를 계승하면서도 비판적으로 초극하고자 하여 성불(成佛)의 방법론에서 독자적인 주장을 하는 밀교가 번성하게 된다. 나란다 사원을 시작으로 불교연구의 중심이 되었던 각 지역에서 인도불교의 밀교화가 급속도로 진행되었다.

이 책은 주로 인도에서 석존 이후로부터 밀교 이전까지 불교의 사상적 전개를 추적한 것이다. 한마디로 불교라고 해도 실은 위에서 기술한 바와 같이 다양한 것이 존재한다. 가령 이른바 소승불교[부파불교]와 대승불교는 서로 허용되지 않는 측면조차 있다. 대승불교 안에서도 격렬한 대립을 초래하여 중관파와 유가행파[유식학파] 사이에 격렬한 논쟁이 벌어지기도 하였다.

그러나 그들 모두 하나같이 불교라고 하는 것은 불교도 자신들이 인정하지만 문제는 그들 간의 우열이었다. 그래서 인도에서도 어느 사이엔가 교상판석(教相判釋, 사상의 높고 낮음의 비교결정)이 행해졌던 것이다. 무엇보다도 그 우열은 불도(佛道)에 자기를 묻고자 하는 주체의 자질이나 능력과의 관계에서 정해져야 할 측면도 있어서 반드시 일의적으로 결정될 수는 없다.

하여튼 상당히 다양한 불교가 같은 불교라는 이름으로 묶여진 이상, 거기에는 무엇인가 입장이나 공통의 사상이 존재하지 않으면 안 될 것이다. 도대체 그것은 무엇인가? 이 책에서 필자는 석존의 깨달음을 실존적으로 음미한 결과, 불교사 전체를 그 '깨달음'의 전개로 파악했다. 그것은 또한 '공' 사상의 의미와 체계를 추구한 사유의 과정이었다고 생각되었다. 이것을 축으로 하면서 간명한 불교사를 구성하고자 했던 것이다.

그것은, 천학비재(淺學非才)의 필자에게는 아무래도 과분한 일임에도 불구하고 어차피 필자의 불교연구의 근저에서 하지 않으면 안 될 일이었다. 이번에 이 하나의 토대를 이루는 기회를 주신 고단샤의 가와사키 아츠코(川崎敦子) 선생님에게 진심으로 감사의 말씀을 드리지 않을 수 없다.

또한 제1장 '불교의 원점'에서 기술한 석존의 생애와 사상에 관해서는 나카무라 하지메(中村元)『고타마 붓다』[나카무라 하지메 선집 제11권, 슌주샤]에 많이 의존했다. 이것을 특별히 기록하여 감사의 뜻을 표하고 싶다. 그 외 많은 선생님들의 연구 성과를 참조하였지만 지금 한 분 한 분의 성함을 거명할 수 없을지라도 그분들께 진심으로 감사하다는 말씀을 전하고 싶다.

이 책에는 독선적인 논변이나 사유의 차이 등이 다수 있을지도 모르겠다. 독자 여러분들의 질정(叱正)을 간절히 바랄 뿐이다. 만약 그런데도 이 책이 큰 강물의 흐름과 같은 불교의 저류를 어느 정도 전한 부분이 있다고 한다면 미흡하나마 다행이라 생각하고 싶다.

1991년 12월 8일 성도일에

다케무라 마키오

차례

1장

불교의 원점

고타마 싯따타의 깨달음

1. 불교의 근저에 존재하는 것

보리수 아래에서의 깨달음

갠지스강은 인도 북동부에 광대한 옥토를 형성했다. 그 갠지스강의 한 지류, 옛날 네란자라[尼連禪河, 오염되지 않음이라는 의미]라 불렸던 강이 흐르고 있다. 지류라고 하지만 그 흐르는 강물은 아득히 멀리 가득 차 있었으며, 아침저녁으로 빛나는 햇빛은 온통 붉은색이었다.

그 유역 근처에 높이 52미터 정도의 큰 석탑이 서 있었다. 그 안쪽에는 무화과나무 한 그루가 큰 가지를 드리우고 시간의 흐름을 듣고 있었다. 물론 이 나무를 보리수라고 부르는 것은 석존이 그 그늘 아래에서 좌선하여 무상의 보리(bodhi, 깨달음)에 도달했기 때문이다. 지금도 이 나무 아래 큰 석탑 안쪽에 금강보좌가 놓여 져 있어 석존의 성도(成道, 이 도라고 하는 것은 보리의 의미이다. 요컨대 성도란 '깨달음의 실현'을 뜻한다.)를 무언(無言) 속에서 보여 준다. 불교는 이 석존의 성도라는 깨달음의 체험과 그것을 포함한 설법으로 이루어진 가르침이다.

불교의 개조를 석존이라고 부르는 것은 석가족의 성자 혹은 존자라는 의미이기 때문이다. 원래의 이름은 고타마 싯따타[고타마는 성으로 가장 뛰어난 소라는 의미이다. 싯따타는 이름으로 목적을 성취했다는 의미이다. 고타마 싯따타는 팔리어이며 범어로는 고타마 싯따르타이다]라고 하며, 성도한 뒤에는 붓다라고 불린다. '붓다'라는 것은 '깨달은 자'라는 의미이다. 따라서 불교[붓다의 가르침]란 본래는 '깨달은 자의 가르침'이라는 뜻으로 그 근저에는 '깨달음' 혹은 자각이라는 의미가 함의되어 있음을 잊어선 안 된다.

경과 율에 대하여

이하 본 장에서는 석존의 생애와 가르침에 관해서 서술하고 있지만, 여기서 미리 석존과 관련된 문헌에 대해서 잠깐 기술하고자 한다.

석존의 가르침은 석존이 입멸했을 당시[기원전 383년]로부터 점차 편집되었지만, 그것은 경[經, 석존의 가르침]과 율[律, 수행공동체의 성원들이 지켜야 할 규칙]의 둘로 나누어진다. 현재 전해지고 있는 경이나 율은 석존의 교단이 뒤에 여러 갈래로 분열한, 그 각각의 교단[부파]에서 전승된 것으로 뒤로 가면서 내용의 증가도 상당히 있었던 것으로 보인다.

그 가운데 경은 중국에서는 『아함경(阿含經)』으로 번역되었다. 아함이란 아가마(āgama)의 음사로서 전승(傳承)을 뜻한다. 『법화경(法華經)』이나 『화엄경(華嚴經)』 등은 경이라고 해도 후대[기원전후]에 대승불교도가 저작한 것이지만, 석존의 직설은 『아함경』으로 정리된 것이다. 『아함경』에는 4종이 있다. 『장아함경(長阿含經)』, 『중아함경(中阿含經)』, 『잡아함경(雜阿含經)』, 『증일아함경(增

一阿含經)』이 그것이다.

이 『아함경』에 상당하는 것이 동남아시아 등으로 전한 불교[상좌부불교]에도 전해진다. 스리랑카에서는 팔리어로 전해졌지만, 그 것은 아가마라고 하지 않고 니카야(nikāya)라고 한다. 이렇게 남방 상좌부불교의 『니카야』에는 『디카니카야(長部)』, 『맛지마니카야 (中部)』, 『상윳따니카야(相應部)』, 『앙굿따라니카야(增支部)』, 『굿따 카니카야(小部)』의 다섯이 있다. 마지막 하나를 제외하고 차례대 로 앞의 한역 4아함과 대응한다[내용은 거의 같다].

『굿따카니카야』는 요컨대 그 외의 경전이라는 의미이지만, 그 가운데 석존의 설법에 관한 문헌으로서는 현존하는 경전 가운데 가장 오래된 것이라 말해지는 『숫타니파타』나 『담마파다』 등 대 승불교에서 보아도 중요한 경전이 포함된다.

『아함경』이나 『니카야』에는 각각 그 가운데 많은 설법이 포함 되어 있어서 그 하나하나를 경[經, 수따]이라 부른다. 가령 『맛지마 니카야』 속에는 석존 자신 구도의 자취를 말한 부분이 있으며 그 것은 『성구경(聖句經)』이라 불린다. 『굿따카니카야』 속의 『담마파 다』는 중국에서 『법구경(法句經)』으로 한역된다[『굿따카니카야』의 부분적인 한역은 존재한다].

이와 같이 석존의 설법은 기본적으로 4종류 및 그것을 제외한 나머지로 정리된 것이었다. 다만 한역은 마침 4아함이 존재하는 것이지만, 그 각각을 전승한 부파는 다른 것이다.

율도 부파마다 전승된 것은 당연하다. 상좌부 계통의 팔리어에 의한 율장[律藏, 율장에서 장은 문헌 군이라는 의미]이 있는 것 이외에 한역으로는 법장부의『사분율(四分律)』, 설일체유부의『십송율(十訟律)』, 화지부의『오분율(五分律)』, 대중부의『마하승기율(摩訶僧祇律)』,『근본설일체유부율(根本說一切有部律)』의 5종이 있다.

율장은 크게 나누어서 개인이 지켜야 할 계율의 조문과 교단운영[회의 등]을 위한 규범으로 이루어진다. 이 후자에『마하박가(大品)』라 불리는 부분이 있고 여기에 석존의 전기[불전]가 포함되어 있다. 물론 경전 쪽에도 불전이 있다. 이하의 기술은 주로 이러한 문헌에 의한 것이다.

또한 제1장과 제2장의 시작하는 부분에 한정하는 한, 고유명사나 술어 등은 원칙적으로 팔리어에 의거했다. 다른 장에서는 산스크리트에 근거한다.

2. 싯따타의 출가

어머니의 죽음

싯따타가 태어난 것은 기원전 463년이라고 생각된다. 입멸이 기원전 383년이라고 생각되기 때문에 그때로부터의 역산에 의한 것이다.

그는 오늘날의 네팔 부근에 위치한 석가족이라는 작은 부족국가의 수장(首長)의 장남으로 태어났다. 수장은 처음 자유선거로 선출된 뒤 세습되었기 때문에 국가의 정체는 오히려 공화제였다고 할 수 있다. 주변의 대국인 마가다국이나 코살라국 등에 의해 농락당해도 어찌할 수 없는 약소국가였지만, 시대는 전반적으로 점차 상공업이 발달해 가는 무렵으로 도시의 발달도 진행되는 시기였다. 자연히 과거의 습관이나 세계관에 얽매이지 않고 자기의 인생을 자유롭게 추구하는 기풍도 시대 속에서 숙성되어 갔던 것이다.

농촌을 중심으로 하는 과거의 사회구조에 밀착한 전통적 종교의 담당자는 바라문이었지만, 자유롭게 도를 구하기 위해 사색과 수행에 헌신한 사람들을 사문(沙門, samaṇa, 노력하는 사람)이라 한다. 이윽고 불교를 연 고타마 싯따타도 그러한 다수의 사문 중의 한 사람이었다. 사회구조나 가치관의 변동기에 즈음하여 싯따타는 참으로 확실한 것을 추구하고 있었던 것이다. 이하 이 고타마 싯따타를 석가족 성자의 의미인 석존(釋尊, 석가족의 존자)이라 부르고자 한다.

그 석존의 생애는 각종의 전설로 채색되어 있다는 것은 말할 나위도 없다. 탄생에 관해서도 가령 선종(禪宗)에서는 태어나자마자 동서남북 사방 일곱 걸음을 걸으면서 한 손으로는 하늘을 가리키고 또 한 손으로는 땅을 가리키면서 '하늘 위 하늘 아래 나 홀로 존귀하다'[天上天下唯我獨尊]라고 갈파했다고 한다. 온 우주 가득 용솟음치는 한 점 티끌이 없는 무구(無垢)의 일성(一聲)을 선불교적으로 표현한 것이겠지만, 깨달은 자인 석존의 전기로서는 아마도 그와 같은 신기하고 상서로운 조짐은 취할 정도까지는 아니었다고 할 수 있을 것이다.

그러나 석존은 태어나자마자 7일 만에 어머니 마야부인이 사망한다. 어머니의 자매이자 석존의 이모가 되는 마하파자빠띠에 의해 양육되었다는 전설은 어느 정도 사실을 전하고 있는 것 같다. 이윽고 성장함에 따라서 마야부인이 자기를 낳다가 돌아가셨다는 것을 알았을 때 석존의 마음은 어땠을까? 너무나 간절하게 어머니를 만나고 싶다는 생각이 날마다 더해 가지는 않았을까? 그것은 자기의 존재를 있게 한 근원으로의 귀향, 아니 갈망에 다름 아니었을 것이다. 무엇인가 소중한 존재가 결핍되어 있다는 생각이, 어느덧 석존을 수행으로 몰아갔는지도 모른다.

호화스러운 어린 시절

물론 석존의 일상생활 그 자체는 결코 불만이나 갈증을 느낄 정도는 아니었던 것 같다. 오히려 아버지의 자애나 이모의 사랑은 세간의 그것을 훨씬 능가했을 것이다. 물질적으로도 정신적으로도 석존은 결코 구속되지 않았다. 오히려 그는 만족스러운 나날을 보냈던 것이다.

석존은 훗날 사밧띠국의 기수급고독원(祇樹給孤獨園, 기원정사)에 계셨을 때, 수행자들에게 자신의 어린 시절 있었던 일을 다음과 같이 회상했다고 한다.

부모님의 저택에는 연꽃으로 만발한 연못이 있었다. 그 연못의 한쪽에는 푸른 연꽃이 심어져 있었고 다른 쪽에는 붉은 연꽃이

심어져 있었으며 또 다른 쪽에는 흰 연꽃이 심어져 있었다. 그것
들은 다만 나를 기쁘게 하기 위해서 심어진 것이었다. 나는 좋
은 향기가 나는 카시미르(=베나레스)산 전단향(栴檀香) 이외에
는 결코 사용한 적이 없었다. 나의 겉옷은 카시미르산이었을 뿐
만 아니라 속옷마저도 카시미르산이었고 내의도 마찬가지였다.
저택 안을 산보할 때에도 추위나 더위, 먼지나 풀, 밤이슬이 나
를 접촉하지 못하도록 실로 나를 위해 밤낮으로 밝은 양산으로
지켜 주었다. 나에게는 세 개의 궁전이 있었다. 하나는 겨울용
궁전이고 또 하나는 여름용 궁전이며 마지막 하나는 여름 우기
를 나기 위한 궁전이었다. 그래서 나는 우기 4개월은 우기에 적
합한 궁전에서 기녀들의 노래와 춤에 에워싸여 궁전에서 한 발
짝도 내려온 적이 없었다. 다른 사람들 일반의 저택에서는 노복
과 고용인 그리고 심부름꾼에게 싸라기 쌀로 지은 밥에다 신맛
이 나는 죽을 쑤어서 주었지만, 우리 부모님의 저택에서는 노복
과 고용인 그리고 심부름꾼에게 흰 쌀밥과 고기반찬이 주어졌
다[『앙굿따라니카야』. 번역은 나카무라 하지메 선집 제11권 『고
타마 붓다』 슌주샤, 1979년에 의거한다. 또한 아래의 팔리어 문
헌의 번역도 같은 책에 의거했다].

이것이 사실인지 아닌지는 확실하지 않지만 인도 왕가의 생활을
대비시켜 볼 때 결코 과장은 아닐 것이다. 아마도 석존은 놀랄 정
도로 풍요를 누렸던 것이다. 그것도 자신이 노력해서 쌓아올린 것
이 아니며, 스스로 노동하는 즐거움도 없이 그냥 그대로 주어졌던

것이다.

풍요로움의 끝에서의 고뇌

꽤 많은 시간이 흐른 뒤의 일이지만 석존은 성도한 뒤 교화활동에 헌신하고 있을 무렵, 베나레스의 야사라는 부유한 상인의 아들을 인도하여 출가시킨 적이 있었다. 야사의 출가를 계기로 야사의 부모, 아내, 친구들 수십 명도 함께 석존의 교화를 받고서 출가하였다. 석존과 마찬가지로 야사도 세 개의 궁전을 갖고 있었다. 여름 우기에는 4개월간은 우기를 위한 궁전에서 여성들의 기락(技樂, 음악)를 즐긴 나머지 궁전에서 내려오지 않았다고 한다.

야사는 이 환락의 생활 속에서 어느 저문 밤 모든 사람들이 잠에 곯아 떨어져 다만 등불만이 작은 불꽃을 태우고 있을 무렵 혼자 깨어 있었다. 야사가 거기서 본 것은 '어떤 사람은 비파를 옆구리에 끼고서 자고 있었으며, 어떤 사람은 작은 북을 목에 걸치고서 자고 있었으며, 어떤 사람은 북을 옆구리에 두고서 자고 있었으며, 어떤 사람은 머리를 풀어헤치고 자고 있었으며, 침을 흘리면서 잠꼬대를 하고 있는' 광경이었다(『마하박가』). 이때 야사 그 자신에게 떠오른 것은 죽음과도 같은 밤이 아니었을까. 이 체험이 야사로 하여금 출가하도록 한 동기였을 것이다. 석존에 관해서도 어떤 전기에는 야사와 같은 에피소드가 기술되어 있다(『오분율』). 하여튼 사실은 부왕의 총애를 한 몸에 받았던 석존이 넘치는 풍요 때문에 비인간적인 생활을 어쩔 수 없이 영위하는 과정에서 삶의 고뇌를 겪었으리라는 것은 충분히 생각해 볼 수 있다. 불교는 인간의 고통이라는 것을 원점으로 하여 그것으로부터의 해방을 설한 종교이다. 그 고통의 원점이란 가난과 질병 그리고 전쟁과 같은 현실에서 느끼게 되는 부정적인 고통이라기보다는 욕망의 과도한 충족이었던 것 같다. 에로스의 궁극에 타나토스[죽음]와의 갈림길이 사라져가는 지평에서 우두커니 멈추어 서서 감당할 수 없는 고뇌를 뼈저리게 느꼈던 것이 석존의 깨달음으로 가는 길의 시작이었던 것이다.

'죽음에 이르는 병'에 대한 자각

머지않아 석존은 결혼을 하여 라훌라라는 아들을 얻는다. 아내의 이름은 야소다라이다. 사내아이가 태어나 순조롭게 성장하는 것을 보고, 석존은 반드시 자신이 왕위를 계승해야 한다는 생각을 하지 않았을지도 모른다. 그래서 어느 날을 기약하여 석존은 평생의 서원이었던 출가를 감행한다. 그때 석존의 나이는 29세였다.

앞서 석존의 출가 배경에서 너무나 풍요로웠기 때문에 병에 걸린 것은 아니었던가, 라고 기술했다. 그 병을 지층으로 인간의 고통이라는 것이 다음과 같은 형태로 자각되었던 것이다.

나는 이와 같이 부유하며 이처럼 너무나 넉넉함에도 불구하고 다음과 같은 생각이 일어났다. 어리석은 범부들은 자신이 죽어가는 존재이며 또한 죽음을 피할 수 없으며 타인이 죽었다는 것을 보고서 골똘히 생각하고는 괴로워하고 부끄러워하며 혐오한다. 나도 또한 죽어가는 존재이며 죽음을 피할 수 없다. 자신이야말로 죽어가는 존재이며 마찬가지로 죽음을 피할 수 없음에도 불구하고 타인이 죽어가는 것을 보고서는 괴로워하고 부끄러워하며 혐오할 것이다. 이것은 나에게는 어울리지 않는다. 나는 이와 같이 관찰했을 때 살아 있는 이 순간 모든 삶의 의지가 송두리째 소멸해 버렸다『앙굿따라니카야』].

실은 이 죽음에 대한 내적인 성찰 이전에는 늙음 및 병듦에 대한 똑같은 내적인 성찰이 있었다. 요컨대 인간 존재의 미혹함과 모순 그리고 위기는 늙음과 병듦 그리고 죽음의 고통으로 자각된 것이다. 석존이 그때 곧바로 죽음에 직면했다고 하는 말이 아니다. 오히려 건강을 과신할 정도로 젊음이 한창일 때 이미 그의 시선은 죽음을 향해 있었을 뿐만 아니라 본래의 인간의 실상을 직시했던 것이다.

늙음과 병듦도 결국은 죽음과 연결된다. 감기에 걸려 고열에 시달릴 때의 고통보다 암에 걸렸다는 선고를 받았을 때의 고통은 헤아릴 수 없을 정도로 클 것이다. 죽음은 자기를 근저에서 부정하는 사건이다.

그렇지만 암에 걸려서도 안 되지만 태어날 때부터 인간은 어느 순간 죽음을 선고받은 존재이며 게다가 이것을 자각하는 존재이다. 본래 인간은 지금 이미 죽음 혹은 비존재[無]로 침식되어 죽음 혹은 비존재가 되고 있다는 사실이 분명하게 직시되었을 때, 석존에게는 인간에게 본질적인 피할 수 없는 고통이라는 것이 확실히 자각되었던 것이다. 오감 전부가 충만한 생활 속에서 느꼈던 존재의 불안이 그와 같은 형태로 명확하게 규명되었던 것이다.

그런데 석존의 내적인 성찰은 그것만이 아니었다. 이전의 석존의 언어를 보면, 늙음과 병듦 그리고 죽음에로 나아가는 존재라는 자각뿐만 아니라 그것을 자각하면서도 그것을 맞이하여 어딘가로 밀어서 저쪽으로 보내려고 하는 자기의 자각도 포함된다. 이미 절망적 상황으로 내던져지고 있다. 게다가 절망적 상황의 사실을 일부러 맞이한다고 하는, 나아가 위기의 절망적인 상황을 스스로 만들기 시작한다. 그 두 가지가 합하여 하나로 되어 석존은 자기에게 절망하는 것이다.

그와 같은 자기의 존재방식은 실로 키에르케고르가 말한 '죽음에 이르는 병'임을 석존은 깊게 자각했던 것이다.

자신을 알라

석존은 아무래도 그것을 타개하지 않고서는 살아갈 수가 없었다. 석존의 절망이 참으로 위기적으로 되면 될수록 석존을 깨달음에로 유혹하는 무엇인가가 작동하고 있었던 것일까? 석존은 죽지 않는 세계를 구하지 않고서는 살아갈 수 없었다.

아! 나는 저절로 태어난 존재라고 해도 태어나는 과정 속에 이미 우환이 있음을 알고, 나지 않고[不生], 위없는[無上] 안온한 열반을 구하리라. 나는 저절로 늙음과 병듦 그리고 죽음에 대해 근심하고 번뇌에 물든 존재라고 해도 그러한 과정 속에 이미 우환이 있음을 알고 늙지 않고 병들지 않으며, 죽지 않고 근심하지 않으며, 번뇌에 물들지 않은 위없는 안온한 열반을 구하리라 [『성구경(聖求經)』].

석존이 출가 시에 이 경전의 기술대로 의식하고 있었는지 여부는 알 수가 없다. 그러나 석존의 생애를 뒤로부터 반추해 보면 실로 그렇게 말하지 않을 수 없는 것이다.

물론 태어나지도 않고 죽지도 않는 열반을 추구한다고 해도 그것은 무상한 존재로부터 영원불변의 무엇인가의 존재로 바뀌어 버리는 것이 아니라 오히려 그것은 본래의 자기의 참모습으로 되돌아가고자 하고 진실한 자기를 규명하고자 했다는 의미이다.

이것은 또한 후세에 만들어진 이야기이겠지만 석존이 교화에 힘쓰고 있었을 때, 이전에 깨달음을 열었던 장소인 우루벨라로 향하는 도중에 그러한 일이 있었다고 한다.

석존은 어느 숲속으로 들어가 나무 아래에 앉았다. 그때 30명의 남자들이 부인을 동반하여 놀고 있었다. 그중 한 사람은 부인이 없었기 때문에 그를 위해 유녀(遊女)를 붙여 주었다. 그 유녀는 모두 놀고 있는 와중에 사람들이 가져왔던 것을 훔쳐 도망을 가버렸다. 남자들은 그 여자를 찾아 숲속으로 들어갔는데 마침 나무 아래에서 좌선을 하고 있는 석존을 만났다. 그들은 석존에게 여자의 행방을 물었다. 이때 석존은 다음과 같이 말했다고 한다.

젊은이들이여! 그대들은 어떻게 생각하는가? 그대들이 유녀를 찾는 것과 자기(attā)를 찾는 것 중에 어느 것이 더 귀한 일인가?[『마하박가』]

모두 자기(attā)를 찾는 쪽이 더 귀한 일이라고 하자, 거기서 석존은 설법을 하였다. 앞에서 본 야사를 교화할 때와 같은 상황이지만 이러한 때 석존은 이해하기 쉬운 가르침에서 시작하여 점차 높은 가르침을 설했다[이것을 차제설법(次第說法)이라 한다].

여기서 석존은 '왜 자기를 탐구하지 않는가?'라고 묻는다. 단적으로 참으로 중요하며 유일한 것을 제기하고 있는 것이다. 입장을 바꾸어 석존의 출가도 또한 존재의 불안에서 죽을 수밖에 없는 존재라는 자각 속에서 진실한 자기를 탐구하고자 했던 출가였다고 말해야 할 것이다.

석존의 출가와 사랑하는 애마 칸타카의 눈물

석존이 실재로 궁전을 떠난 것은 한밤중이었다고 한다. 살아 있는 모든 것이 선명한 남빛의 수면에 몸을 가라앉히고 있을 무렵, 단지 하인 한 사람과 말 한 마리가 국경까지 동행했다. 석존의 사랑하는 애마도 심상치 않은 상황을 눈치 챘던 것일까. 뒤에 이 말은 칸타카라는 이름이며 석존의 탄생과 같은 시간에 태어났다고 하는 이야기가 만들어졌다.

칸타카는 석존의 "아! 나를 데리고 가라. 나는 최상의 깨달음에 도달하여 세간을 구제하리라."라는 말에 기뻐하고 분발하여 석존을 자기의 등 위로 태웠다. 그러나 국경에 겨우 다다르자 이제는 석존을 배웅할 수밖에 없었다.

> 나는 석존의 구릿빛 발톱을 혀로 핥고서 위대한 영웅이 가시는 길을 눈물로 보내드렸다. 나는 저 행복한 분이신 석가족의 아드님을 잃었기 때문에 중한 병을 얻어 곧 죽을 것 같다[『비바나바투』].

칸타카의 눈물은 석존의 출가 장면에 등장하지 않는다. 한편 석존의 야반도주에 감정을 숨기고 말을 입 밖에 내지 못하는 가족의 눈물도 있었다. 국경은 석존에 있어 왕가에서 출가로, 태자에서 사문으로, 세속에서 초세속으로, 풍요로운 생활에서 고독하고 가난한 삶으로의 경계이기도 하였다. 이쪽을 뒤돌아보지 않고 석존은 경계를 넘어간다. 이미 밤은 하얗게 밝아져 가고 있었다.

3. 붓다의 깨달음과 십이연기

요가에 의한 수행

석존이 향한 곳은 당시의 대국인 마가다국의 수도 라자가하[왕사성]이다. 한국에서 프랑스 파리나 미국 뉴욕 등에 유학을 가는 것과도 같다. 거기서 아마도 당시 일급의 종교인이었던 아라라 카라마에 나아가 수행하여 무소유처정(無所有處定)을 체득하고, 또한 웃따카 라마풋타에 나아가 수행하여 비상비비상처정(非想非非想處定)을 체득했다고 한다[정이란 선정이며 마음을 통일하여 청정하게 하는 것이다]. 이른바 마음의 통일이 상당히 깊은 경지를 요가의 수행에 의해서 체득한 것이다. 그러나 석존은 여기에 만족하지 않았다. 아직 자기의 과제는 해결되었다고는 생각하지 않았던 것이다. 참으로 인간의 근원적인 고통을 탈각할 수 있었다고는 생각하지 않았던 것이다.

그렇다고 해서 이러한 선정을 체득한 것이 전혀 의미가 없었던 것은 아니다. 뒤에 불교의 교리가 정리되었을 때 미혹의 세계[생사윤회하는 사이에 머무는 세계]의 경계는 욕계·색계·무색계의 삼계로 나누어졌다. 욕계는 보는 것·듣는 것에 소용돌이치는 세계이며, 아래로부터 지옥·아귀·축생·수라·인간·천상 등 여섯의 세계가 있다. 육도윤회(六道輪廻)라든가 육취윤회(六趣輪廻)라고 말할 때의 육도·육취의 의미이다. 천상이라는 이른바 신들의 세계에 그 욕계의 하늘 이외 나아가 색계·무색계의 하늘이 있다. 색계는 감각이 존재하는 세계이지만 무색계는 감각이 소멸한 더 깊은 선정의 세계이다. 그것은 공무변처(空無邊處)·식무변처(識無邊處)·무소유처(無所有處)·비상비비상처(非想非非想處)라는 이름의 네 개의 세계로 분류된다.

이들 욕계·색계·무색계의 삼계를 초월했을 때, 생사윤회를 해탈하고 고통으로부터 해방된다고 한다. 그것은 또한 조금도 번뇌의 기운이 섞이지 않은 지혜[無漏智, 무루란 번뇌의 흐름이 없는 것]를 실현하는 것이기도 하다.

그런데 진실한 지혜를 실현하기 위해서는 이 무소유처정·비상비비상처정으로 들어가 나아가 그것을 돌파하지 않으면 안 된다고 하는 것이다. 이미 『성구경(聖求經)』에서 석존은 9단계의 선정을 설하셨다고 한다. 즉 비상비비상처정(제8단계)의 뒤에 상수멸정(想受滅定)이라는 이름의 선정(想=인지나 受=감정이 일체 소멸한 무심의 선정)을 닦았을 때 해탈하는 것이라고 석존이 설한다.

그와 같이 비상비비상처정 등의 수습은, 불교의 깨달음에 있어서는 뒤에 필요조건으로 위치 지워지는 것이었다. 다만 그것은 결코 충분조건은 아니었다. 그것은 나아가 상수멸(想受滅)이라는, 일체의 심·의·식(心·意·識)의 작용이 진압된 선정으로 심화되고, 게다가 그것을 통해서 단순히 마음이 통일된 상태가 아닌, 깨달음으로서의 지혜를 실현하지 않으면 안 되었다. 이 지혜로서의 인식은 우리들 일상의 주객분열 상에서의 통상의 인식과는 다르다. 어디까지나 마음의 통일[선정] 중에 현성하는 지혜인 것이었다.

숲속의 항마성도

아라라 카라마나 웃따카 라마풋타 등과 같은 스승들에게 만족할 수 없었던 석존은 스승을 떠나서 네란자라강 저편에 있는 숲속으로 들어가 홀로 수행을 더욱 심화한 적이 있었다. 인기척도 없는 적막한 숲속에서의 고독한 수행은 자기 자신마저도 해체할 수밖에 없었다. 석존은 심연과도 같은 공포와 전쟁하면서 마음의 통일을 심화시켜서 진실을 통찰하려고 하였다. 『맛지마니카야』 경전에 다음과 같은 일절이 있다.

나는 어떤 두려움에 휩싸여 숲속에서 고요히 침잠하고 있었다. 그 두려운 숲속의 공포에 대해서는 '어느 누구도 아직 탐욕을 벗어나지 못하고서 저 숲속에 들어간다면 아마도 소름이 끼쳐 털끝이 설 것이다.'라고 말한다. 나는 차가운 냉기가 엄습하는 눈 내리는 시기, 달의 전분 제8일에서 후분 제8일에 이르기까지의 겨울밤에는, 밤은 노천에서 낮은 숲속에서 머물렀다. 또한 여름의 마지막 달에는 낮은 노천에서 밤은 숲속에서 머물렀다. 거기서 여태까지 들어본 적이 없는 경탄할 것까지도 없는 이 게송이 나에게 떠올랐다.

한낮의 더위도 차가운 밤도
오직 홀로 두려운 마음으로 숲속에서
맨몸으로 불도 없이 앉아 있다.

성자는 자신에 대한 탐구를 다하라.

나는 무덤에서 죽은 사람의 시신의 해골을 침상으로 깔고서 누워 있었다. 그때 어린아이들이 나에게로 와서 침을 뱉기도 하고 오줌을 누기도 하며 먼지를 뿌리기도 하고 나의 두 귓구멍에 나무 조각을 넣기도 하였다. 그러나 나는 그들에 대해서 조금도 미워하는 마음을 일으키지 않았다는 것을 기억한다. 나의 '마음의 평정(upekhā)'에 머무는 수행에는 이와 같은 것이 있었다[『맛지마니카야』].

석존이 진실로 그렇게 말했던가 하는 것은 확실히 알 수는 없지만, 아마도 사실을 어느 정도 포함하고 있을 것이다. 죽은 시신을 껴안고 자고 있는 석존은 어린아이들에게 놀림감이 되어도 마음의 평정을 유지했다. 이전에는 기녀들에게 잘 보이려고 눈치를 보았는데 지금은 철없는 어린아이들에게 마음대로 실컷 바보 취급을 당하고 있는 것이다. 이것조차 석존에게는 자신의 구도의 열망을 멈추게 할 수 없는 것이었다.

특별히 이 사이 자비로운 마음을 닦았다고 하는 경전도 있다. 자아본위의 마음을 철저하게 불식시키고자 하는 과정에서 무엇인가를 발견한 것이다. 무덤의 침상은 이전의 하렘(harem, 이슬람 왕실의 후궁)과도 유사한 궁전과 대비된다. 아름다운 여인과의 교제에서 적멸의 고독으로의 낙차는 생과 사의 낙차에도 상당한다. 다만 거기에는 인위에서 자연으로, 문명에서 원시로, 장식에서 소박으로의 회귀가 있었다. 있는 그대로의 자기에게로의 귀환이 있었다. 그 아련한 기쁨 속에서 석존은 자기가 가진 것, 자기 자신, 자기에로의 집착, 일체를 버리고서 수행한 것이다.

이 무렵 석존은 지붕이 있는 집에는 결코 머물지 않았다. 옷은 버려진 누더기 천을 몸에 걸치고 다녔다. 음식물은 남이 먹다 남긴 밥으로 해결하였다. 겨우 소의 오줌으로 만든 값이 싼 약(陳棄藥)을 소지하셨을 뿐이다. 그러한 수행에 나타났다 숨었다 하는 것은 불도 없이 좌선을 하는 석존의 맨몸뿐이었다. 그것은 다만 진리만을 탐구하고자 하는 강인한 의지에 다름 아니다.

대개 석존은 고행을 행했다고 한다. 궁전의 태자에서 황야의 사문으로의 실존의 전환 자체가 이미 어려운 행동이었을 것이다. 아무래도 일반 사람들은 견딜 수 없는 어려운 결단이었을 것이다. 나아가 석존은 호흡을 멈춘다든지 단식을 한다든지 하는 고행을 감내했다고 한다. 석존이 어느 정도까지 고행을 했는가 하는 것은 자세히는 알 수 없지만, 불교에서는 고행은 결코 유익하지 않은 것이라고 전한다. 석존 자신이 쾌락과 고행의 양 극단을 여읜 중도를 걸어라 말씀하였다. 그러나 석존 자신의 구도의 걸음에는 격렬한 고행도 경과하지 않고서는 나아갈 수 없었던 것이다.

또한 성도(成道, 깨달음을 이루다) 직전에 악마의 유혹이 있었다는 것도 널리 알려져 있다. 항마(降魔, 악마를 항복시키다)를 거쳐서 그 뒤에 성도했다는 것이다. 불전에는 '욕망·혐오·기갈·허망한 집착·근심·수면·공포·의혹·꾸밈·고집·정도가 아닌 사도로 획득한 이득·명성·존경·명예와 또한 자기를 높이고 타인을 경멸하는 것'이 악마의 기세라고 설한 곳도 있다(『숫타니파타』 436-438. 나카무라 하지메 역, 이와나미문고 『붓다의 말씀』에 의거한다. 『숫타니파타』의 인용도 모두 나카무라 하지메 역에 의거했다). 석존이 성도 직전뿐만 아니라 수행 중에 항상 그러한 악마의 유혹을 받고서 악마들을 물리치기 위해 끊임없이 전쟁을 벌였다는 것은 사실일 것이다.

붓다는 무엇을 깨달았을까?

그와 같은 수행을 거쳐서 결국 석존은 깨달음을 열었다. 즉 고타마 싯따타는 고타마 붓다가 되었던 것이다. 앞서 기술한 보리수 아래에서 좌선을 하여 정각을 성취한 것이다. 그렇다면 도대체 석존은 무엇을 깨달았다는 것일까? 이 물음이야말로 불교의 근본문제일 것이다. 그러나 석존의 깨달음이 과연 무엇인가 하는 것은 경전 등의 불전이 반드시 일치하여 전하고 있지는 않다.

일반적으로 석존은 십이연기(49쪽 이하 참조)를 깨달았다고 한다. 그런데 문헌[『四衆經』, 티베트 율장 등]에 의하면 깨달음과 십이연기가 직접적인 관계가 있는 것은 아니라고 한다. 『마하박가』와 같은 기술을 하는 『우다나』에서는 우선 '보리수 아래에 계셨다. 거기서 비로소 깨달음을 여셨던 것이다. 그때 세존은 7일 동안 줄곧 책상다리를 한 채로 해탈의 즐거움을 향유하면서 앉아 계셨던' 것이다. 그 7일 뒤 십이연기를 관찰하셨다고 한다.

그와 같이 전승에 따라 석존의 깨달음에 대한 이해가 다른 것은, 후대 불교도가 석존의 깨달음을 어떠한 안목으로 보았는가 하는 안목의 차이에 기인한다. 그것은 후대 불교도의 석존에 대한 신앙고백이 다양했다는 사실을 반영하는 것이다. 그 신앙고백들은 각각의 주체에 있어서 절실한 진실이었을 것이다. 지금 아래에서 필자가 이해한 석존의 깨달음을 기술하고자 한다.

깨달음의 핵심

　『숫타니파타』 제5장 학생 멧타구의 질문에서는 "우리가 당신에게 물은 바를 당신은 우리에게 설명해 주셨습니다. 다른 것을 또 묻겠습니다. 어떻게 하면 현자들은 번뇌의 흐름, 생과 늙음, 근심과 슬픔을 초월할 수 있습니까? 성인이시여, 그것을 제게 설명해 주십시오. 당신은 그것을 분명히 알고 계십니다."(이하, 『숫타니파타』 번역은 법정스님역에 의거함)라는 질문에 석존은 다음과 같이 대답한다.

　　멧타구여! 전해 들은 것이 아닌 이 진리를 나는 그대에게 말하겠다. 이것을 명심해서 듣고 잘 수행하여 세상의 집착을 초월하라(1053).

　　멧타구여! 상하·좌우·중간 어느 곳에서나, 그대가 아는 어떤 것이라도, 그것에 대한 기쁨과 집착과 식별을 버리고 덧없는 생존 상태에 머무르지 말라(1055).

이렇게 조심하고 게으르지 않는 수행자는 내 것이라고 고집했
던 것을 버리고, 생과 늙음, 근심과 슬픔을 버리고, 지혜로운 사
람이 되어 이 세상의 모든 괴로움에서 벗어나리라(1056).

아무것도 소유하지 않고 생존의 욕망에 집착하지 않는 바라문,
베다에 통달한 사람이라고 그대가 아는 사람, 그는 확실히 이
번뇌의 흐름을 건넜다. 그는 피안에 이르러 마음이 평안하고 의
혹도 없다(1059).

여기서 석존은 전승이 아닌, 직접 체험한 것을 말하고 있다. 석존
은 스스로 번뇌의 격류를 건너 마음의 불안이나 생사를 초월한 것
이다. 그 경우 무명을 완전히 여의기 위해선 선정의 심화가 동반되
지 않으면 안 되었다. 그리고 상수멸(想受滅)이라고 말해지는 선정
을 통과했던 것이다.

어떤 자료는 석존은 초선·제2선·제3선·제4선을 성취한 뒤
숙명지(宿命智)·천안지(天眼智)를 얻고 마지막으로 누진지(漏盡
智, 모든 번뇌의 오염을 소멸한 지혜)를 체득하여 깨달은 자가 되었
다고 한다(『맛지마니카야』). 이 최후에는 "마음이 욕망의 번뇌로부
터 해탈하고 마음은 생존의 번뇌로부터 해탈하고 마음은 무명의
번뇌로부터 해탈했다. 해탈을 성취했을 때 '해탈했다.'라는 지혜가
일어났다. '생은 이미 다했다. 청정행은 완성되었다. 해야 할 것은

이미 다 행해졌다. 더 이상 이러한 생존의 상태에 도달할 수 없다.'
라고 알았다.'라고 기술한다. 무명을 여의고서 해탈했을 때 '해탈
했다.'라는 자각이 일어났다고 하는 이 자각이야말로 붓다의 깨달
음의 핵심일 것이다.

집착으로부터의 해방

석존은 해탈을 한 뒤 7일 동안 좌선을 풀지 않았다고 말해지는
것처럼 마음이 가는 데까지 법열(法悅)을 음미했던 것이다. 거기서
체득된 세계는, 가령 범천(梵天, 인도의 전통적 종교=바라문교의 신)
이 석존에게 설법을 요청했을 때 석존은

> 그런데 집착의 구속을 즐거워하고, 집착의 구속을 탐닉하고, 집
> 착의 구속을 기뻐하는 사람들에게는 '이것에 의해서 저것이 있
> 다.'고 하는 연기의 도리는 알기가 어렵다. 또한 일체의 형성 작
> 용(행)이 멈추는 것, 일체의 집착을 버리는 것, 망집의 소멸, 탐
> 욕을 떠나는 것, 번뇌의 지멸, 마음의 평안인 니르바나라는 이 도
> 리도 알기가 어렵다[『마하박가』].

라고 생각했다고 하는 그 후자인 번뇌의 소멸과 마음의 평안인 니
르바나[열반]의 세계인 것이다.

이것이야말로 일찍이 석존이 추구했던 것이다. 『성구경』은 다
음과 같이 말한다.

수행승들이여! 이렇게 해서 나 자신은 중생이면서 중생 속에 우환이 있음을 보고서, 불생(不生)인 위없는 안온·평안(니르바나)을 구하여, 불생(不生)인 위없는 안온·평안을 얻었다. 나 자신 늙어가는 존재·병든 존재·죽어가는 존재·근심하는 존재·번뇌에 오염된 존재임에도 불구하고 늙어가는 존재·병든 존재·죽어가는 존재·근심하는 존재·번뇌에 오염된 존재 속에 우환이 있음을 알고서, 불로(不老)·불병(不病)·불사(不死)·불우(不憂)·불오(不汚)인 위없는 안온·평온을 구하여 불로·불병·불사·불우·불오인 위없는 안온·평온을 얻었다. 이렇게 해서 나에게 지혜와 견해가 생겼다. '나의 해탈은 부동(不動)이다. 이것은 최후의 생존이다. 역시 다시 생존하는 것은 없다.'

번뇌의 격류를 건너 이 세상과 저 세상을 떠나서 태어나지도 않고[不生] 늙지도 않으며[不老], 병들지도 않고[不病] 죽지도 않는[不死] 열반을 얻었던 것이다. 저 범천의 요청에 대해서 설법할 것을 결의한 석존은 '불사의 문이 열렸다.'라고 사람들에게 말했다.(51쪽 참조) 그러한 불사·불생의 세계가 번뇌·망집의 멸진에 의해서 열려진 것이 석존의 성도였다. 게다가 『숫타니파타』에도 "마음의 통일을 얻은 스승이 도달한 번뇌의 소멸·이욕(離欲)·불사(不死)·뛰어난 것, 그 이법(理法)과 같은 것은 아무것도 없다. 이 뛰어난 보석은 이법 속에 있다. 이 진리에 의해서 행복하라(225)."라고 기술한다. 이법의 원어는 담마(damma)이며, 진리의 원어는 사치

(sacci, 諦)이다.

십이연기에 의한 실존해석

그런데 그 세계를 증득했을 때, 석존은 인간의 고통이 생기는 구조나 인과관계를 쉽게 분석했을 것이다. 그것이 연기설로서 정리되는 것이다. 즉 연기설이란 깨달음에 밀착한 세계해석이다.

실제로는 십이 항목의 연기를 석존이 처음부터 관찰한 것은 아니라는 것은 분명하다. 그러나 여기서는 『마하박가』에 따르는 십이연기의 설을 고찰하는 것으로 하자. 그것은 무명(無明)-행(行)-식(識)-명색(名色)-육입(六入)-촉(觸)-수(受)-애(愛)-취(取)-유(有)-생(生)-노사(老死)의 십이지가 연기에 의해서 발생한다는 설명이다.

그것은 왜 노사의 고통이 있는가라고 하면 생이 있기 때문이다. 왜 생이 있는가라고 하면 유가 있기 때문이다. … 라고 순서를 거슬러 올라가서 최종적으로 무명이 있기 때문이라고 그 근본원인을 규명한 것이다. 즉 무명이 근본에 있고 순차의 연기의 관계가 있고, 최종적으로 노사의 고통이 있는 것이라는 상의관계를 해명한 것이다.

그 십이지가 처음 어떤 것으로서 구체적으로 생각되었는가는 자세히는 알 수 없지만, 뒤의 『구사론(俱舍論)』[제2장 87쪽 이하 참조]의 설명에 의하면 생사윤회의 과거·현재·미래 삼세의 인과로서 다음과 같이 이루어진다.

① 무명(無明), 근본적 무지

② 행(行), 무명에 근거한 행위 및 그 영향력[업] ⎫ 과거세

③ 식(識), 모태에 수정한 순간

④ 명색(名色), 기관이 형성되기 이전의 태아

  [수정 후 4주간]

⑤ 육입(六入), 기관이 형성된 후의 태아

⑥ 촉(觸), 모태로부터의 출생[이후 2-3세까지]

⑦ 수(受), 감정을 동반한 인식이 생길 무렵

  [4, 5세~12, 3세]   현재세

⑧ 애(愛), 욕망을 수반하는 인식이 생길 무렵

  [14세~15세 이후]

⑨ 취(取), 격렬한 집착을 수반하는 인식이 생길 무렵

  [청년기 이후]

⑩ 유(有), 애와 취에 의해서 지어진 업으로

  미래의 결과를 약속한다.

⑪ 생(生), 미래에 어떤 곳에 태어나는 순간 ⎫ 미래세

⑫ 노사(老死), 이후 죽음까지

십이연기는 고뇌 원인이 순순히 연기의 관계를 이루는 과정에서 궁극적으로는 무명으로 귀착한다는 것을 분명하게 하는 것이며 그리고 그러한 이유로 오로지 무명을 소멸하면 고통만을 소멸할 수 있다고 하는 그 소멸로의 방도를 정확하게 밝힌 것이다.

따라서 십이연기설은 무명으로부터 고통으로, 무명의 소멸로부터 고통의 소멸로, 쌍방향의 전체로서 의미가 있는 것이다. 오히려 생사윤회의 유래를 분석하는 것 이상으로 그 소멸을 위한 방도의 소재를 해명한 것에 다소 의의가 있다. 그렇기 때문에 석존은 앞에서 기술한 범천권청(梵天勸請)에 대한 회답(47쪽)으로 연기의 도리뿐만 아니라 무명이나 번뇌가 소멸한 경지인 열반에 관해서도 굳이 언급하여 그것들은 인간에 있어서의 중요한 일임에도 불구하고, 애착으로 흐르는 사람들은 보기 어렵다고 기술하는 것이다.

4. 석존의 설법

설법의 결의

성도를 이룬 석존은, 연기도 열반도 이 세간적인 것에 얽매여 있는 사람들은 연기나 열반을 인식하기가 어렵다는 이유에서, 설법을 할 수 없다고 생각하였다. 그러나 범천의 권청을 받고 사람들의 고통스러운 모습을 보고서 결국 설법을 해야겠다고 결의했다. 거기에는 전통종교인 바라문교의 신이 석존에게 가르침을 요청한다는 형태에 의해서 신흥의 불교를 권위 지우는 의미도 있었을 것이다. 바라문교에서는 사제계급만이 스승으로부터 제자에게로 입으로의 전수 등에 의해서 진리를 비밀리에 전달하여 특정집단에게 진리가 감추어지고 독점되는 것에 대해서 불교는 적극적으로 진리를 공개하는 것이다. 그 배경에는 타자의 구제를 지향하는 자비의 마음이 고동치고 있다는 것을 각인시키는 의미도 있었을 것이다.

설법을 결의한 석존은 다음과 같이 범천에게 말하였다.

> 귀가 있는 자들에게 감로(甘露, 不死)의 문은 열렸다.
> 자기의 신앙을 버려라.
> 범천이여! 사람들을 해치는 것은 아닐까 생각하여
> 나는 미묘한 법을 사람들에게 설하지 않았던 것이다[『마하박가』].

이 범천권청(梵天勸請)의 설화는 우리들에게 참으로 석존의 가르침을 듣고자 하는 각오는 있는가? 라고 묻고 있다. 석존의 가르침은 세간적인 욕망을 조금이라도 채우려는 마음가짐으로는 들을 수 없는 것이다. 우리들이 보통 있다고 생각하고서 애착하는 자아를 근저에서 해체하지 않을 수 없는 가르침이기도 하다. 그것은 어쩌면 사람들을 다치게 하고 상처를 입힐지도 모르는, 오히려 사람들의 생각을 역행하는, 정신의 안정을 방해할지도 모르는 그러한 가르침인 것이다. 그럼에도 불구하고 당신은 듣고자 하는가? 라고 이 설화는 우리들에게 그 각오의 정도를 묻고 있는 것이다.

지금 우리들에게는 많은 불전의 현대어 번역이나 불교의 해설서가 주어져 있다. 그들 불전이나 해설서에 마음의 위안을, 자아의 의지를 추구하는 사람은 많을 것이다. 그러나 불교는 일체는 괴로움이라고 설한다. 또한 욕망을 채워서 무엇이 되는가라고 묻는다. 그리고 존재와 자아에 대한 집착에서 탈각하라, 번뇌의 격류를 건너라라고 설한다. 그것은 현대에 대해서, 문명에 대해서, 가치관의 근본적인 전환을 강요하는 가르침이다. 석존은 설법을 하고자 했는가의 여부를 묻는 것에 대해 신물이 난다고 하는 말을 접할 때, 우리들은 쓰디쓴 약을 진실로 복용할 생각이 있는가, 없는가, 적어도 마음속으로 자신에게 물을 것을 잊어서는 안 될 것이다.

초전법륜(初轉法輪)–최초의 설법과 사제(四諦)의 가르침

성도(成道) 후, 석존은 오로지 설법과 교화의 나날을 보냈다. 정각(正覺)을 이룬 뒤의 최초의 설법을 초전법륜이라 한다. 그것은 베나레스 교외의 녹야원에서 행해졌다. 이후 석존은 마가다국의 수도인 라자갸하[王舍城]와, 같은 대국인 코살라국의 수도인 사밧띠[舍衛城]를 자주 왕복했다. 수행시대는 고독과 가난으로 일관하였지만 도반들이 증가함에 따라 교단의 형성에 대해 굳이 이의를 다는 사람은 없었다. 토지나 승원 등의 기진(寄進)도 얻어 석존의 종교는 대강의 세력을 구축해 갔던 것이다.

초전법륜에서 석존은 무엇을 설했던 것일까? 이것에 관해서도 전승은 제각각이다. 『성구경』의 한역(『중아함경』 속에 있다)에는 중도(中道, 中의 실천)와 팔정도(八正道, 여덟의 바른 수행)가 설해졌다고 한다. 팔리 율장의 『마하박가』에는 중도와 팔정도에 사제설이 더해진다. 『마하박가』는 나아가 「무아상경(無我相經)」(59쪽 참조)

이 설해졌다고 한다.

이와 같이 초전법륜이 무엇이었던가는 또한 확정할 수 없지만 중도·팔정도·사제가 석존 가르침의 기본이며, 아울러 중요한 것으로 보았다는 것은 확실하다. 이 가운데 사제설은 십이연기설과 표리일체를 이루는 것이다. 저 십이연기는 우리들의 괴로운 생존은 결국 무명에 의한 것이며 그렇기 때문에 무명을 소멸하면 생사윤회로부터의 해탈이 있다는 설명이었다. 한편 이 사제란 네 개의 진리라는 의미로서 고제(苦諦)·집제(集諦)·멸제(滅諦)·도제(道諦)이다.

고제란 인간존재는 괴로움 이외의 어떠한 것도 아니라는 진리이며 생·로·병·사(生·老·病·死)의 사고(四苦)로 대표된다. 이것에다 애별리고(愛別離苦, 사랑하는 사람과 이별하는 괴로움)·원증회고(怨憎會苦, 원망하거나 증오하는 사람을 만날 수밖에 없는 괴로움)·구부득고(求不得苦, 아무리 구해도 얻지 못하는 괴로움)·오온성고(五蘊盛苦, 개체의 활동이 왕성한 괴로움)을 더하면 팔고(八苦)가 된다. 이 모두 자기는 자기의 생각대로 되지 않는다는 것을 함의한다.

집제는 그러한 괴로움이 일어나는 원인들의 모임이다. 괴로움에는 괴로움의 원인이 있다. 그 원인이 집제이며 그 결과는 고제이다. 그 집제란 무명(無明)과 번뇌(煩惱)이다.

한편 멸제는 무명과 번뇌가 소멸하고 따라서 괴로움이 소멸한 세계이며 그것이 열반이라 불리는 세계이다. 그것은 결코 허무하며 공허한 세계가 아니라 참된 평안과 참된 자유가 실현된 세계인 것이다. 괴로움의 생존 이외에는 있을 수 없는 인간도 그 괴로움을 소멸할 수가 있는 것이다.

도제는 그 소멸을 실현하는 방법(道)이다. 도제는 멸제의 원인이며 멸제는 도제의 결과이다. 도제란 요컨대 다양한 수행이다. 이와 같이 사제설은 십이연기의 쌍방향적 사실(이것이 생기면 저것이 생긴다. 이것이 소멸하면 저것이 소멸한다)을 보다 체계적으로 표현한 것이며 그것과 표리일체의 관계를 갖는 것이다.

중도(中道)–중(中)의 실천

십이연기설에서 무명이야말로 고통스러운 생존의 근본 원인이며 무명을 소멸하면 해탈이 가능하다고 해명되었을 때, 문제의 초점은 그렇다면 무명을 어떻게 소멸할 수 있는가이다. 마찬가지로 사제(四諦)의 논리가 이해되었을 때 관심의 중심은 오로지 멸제를 실현하는 도제에 집중되는 것이 된다. 그 의미에서 초전법륜에서 중도와 팔정도가 설해졌다는 것은 충분한 것이다. 내가 본 바에 의하면 석존은 깨달음의 세계나 열반의 경지에 관해서 그것은 어떠한 것이라고 적극적으로 설명하지 않는다. 불생(不生) · 불로(不老) · 불병(不病) · 불사(不死)와 같은 부정적 표현으로만 말할 뿐이다. 오히려 사람들에게 스스로 그 세계에 도달하라고 설하며, 그 방도에 관해서 설명한다. 그것이 석존의 설법의 대부분이다.

그 가운데 중도란 무엇인가? 중도는 도이며 그것은 중의 실천이다. 이것에 관해서『중아함경』은 다음과 같이 설한다.

마땅히 알아야 한다. 양극단의 행위가 있으며, 도를 추구하는 자는 마땅히 [이 양극단의 행위를] 배워서는 안 된다. 첫째, 욕망에 대한 즐거움·천박한 행위·평범한 사람들이 행하는 바에 집착한다. 둘째, 스스로 번거롭게 하고 스스로 괴롭힌다. 그것들은 현인이나 성인이 법을 추구하는 존재방식이 아니다. 진실의 뜻과 상응하는 것이 아니다. 다섯 비구들이여! 이 양극단을 버리고 중도를 취한다면 밝음을 이루고, 지혜를 이루고, 선정을 성취하여 자유 자재함을 얻을 것이다.

여기서 양극단의 행위란 쾌락에 애착하고 탐닉하는 것과 고행에 괴로워하는 것이다. 그 양극단을 버리는 것이 중도이다. 이 중도는 참된 의미에서 마음을 제어하는 것을 가능하게 하는 길이라 할 수 있다.

다만 중도는 뒤의 괴로움[苦]이나 즐거움[樂]의 양 극단을 떠나는 것뿐만 아니라 있음[有]이나 없음[無]의 두 견해[일방적으로 있다 또는 없다고 하는 두 개의 사고방식]나 단멸[斷]이나 상주[常]의 두 견해[일방적으로 단멸한다 또는 상주한다고 하는 두 개의 사고방식]를 떠나는 것 등도 의미하는 것 같다. 저 나가르주나(龍樹)를 비롯한 중관파는 그러한 있음과 없음이라는 판단과 단멸과 상주의 견해를 떠난 중을 관찰해 가는 것이며 거기서 무명을 소멸해가는 길을 직관했다.(제4장 참조)

팔정도─계 · 정 · 혜의 바른 실천

한편 팔정도란 어떠한 것일까? 앞에서 인용한『중아함경』의 구절에는 이어서 지혜에 나아가고 깨달음에 나아가고 열반으로 나아가는 것은 즉 팔정도이며, 이것은 정견(正見)에서 정정(正定)까지 여덟 가지 바른 길이다. 그 정견 내지 정정['A 내지 B']이라고 하면 'A에서 B에 이르기까지'를 의미한다. 따라서 여기서는 정견에서 정정까지의 팔정도를 자세히 제시하면 다음과 같다.

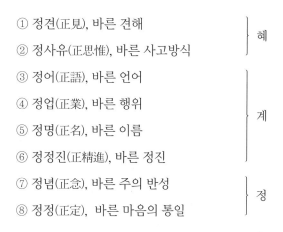

① 정견(正見), 바른 견해
② 정사유(正思惟), 바른 사고방식   │ 혜

③ 정어(正語), 바른 언어
④ 정업(正業), 바른 행위
⑤ 정명(正名), 바른 이름   │ 계
⑥ 정정진(正精進), 바른 정진

⑦ 정념(正念), 바른 주의 반성
⑧ 정정(正定), 바른 마음의 통일   │ 정

정리하면 계 · 정 · 혜의 바른 실천이 된다. 문제는 그 '바른'이라고 하는 것은 어떠한 의미일까? 석존은 이 '바른'의 내용에 관해서 굳이 기술하려고 생각하지 않은 것 같다. 그렇지만 이 '바른'이라는 의미는 '중'에 들어맞는다는 뜻과 상통할 것이다. 또한 약간 후대의『청정도론(淸淨道論)』[대주석가 붓다고사의 저서로서 상좌부교학

을 집대성한 것으로 5세기경의 논서]은 팔정도에 관해서 대략 다음과
같이 설명하고 있다.

① 정견=열반을 대상으로 하여 무명과 번뇌를 끊는 혜안(慧眼,
사제를 이해하는 것)
② 정사유=정견에 상응하고, 삿된 사유를 끊은, 마음의 열반으
로의 순수한 지향
③ 정어=정견·정사유에 상응하고, 악행을 끊은, 삿된 언어로부
터의 이탈[부드러운 말]
④ 정업=정어에 상응하고, 삿된 업을 끊은, 살생 등으로부터의
이탈
⑤ 정명=이렇게 해서 청정하게 된 정어·정업과 상응하고, 기만
등을 끊은, 모든 삿된 생활로부터의 이탈[正理에 들어맞는 생
활]
⑥ 정정진=정어·정업·정명에 따르고, 그것과 상응하고, 나태
를 끊으려는 노력
⑦ 정념=정정진에 상응하고, 삿된 생각을 제거하는 마음의 떠
올림
⑧ 정정=정념과 상응하고, 삿된 집중을 제거하여 소멸한, 마음
을 하나의 대상에 오로지 집중하는 것
[하야시마 고우쇼, 인류의 지적 유산 3『고타마 붓다』, 고단샤]

이 실천에 의해서 깨달음의 지혜가 생기는 것이다. 『청정도론』은

이와 같이 팔정도를 앞의 길을 따라 뒤의 길을 밟아가는 것으로서 생각하고 있다. 그리고 그 마지막에 정정의 수습이 있고, 그것을 거쳐야만 깨달음에 도달할 수 있다고 설하는 것이다. 불교에서는 문·사·수(聞·思·修)라는 것이 있다. 가르침을 듣고서[경전을 읽고서] 잘 생각하고 그리고 수행하여 깨달음에 도달한다는 의미가 문·사·수이다. 그 수행에는 마음을 통일해 간다고 하는 선정의 수습이 어디까지나 불가결한 것이다. 하여튼 이들 수행은 구체적으로는 스승으로부터 제자에게로, 수행자의 공동체[상가=승가, 교단] 속에서 적절하게 지도되었던 것이다. 이윽고 무명과 번뇌[괴로움의 원인]의 여러 양상들이 상세하게 분석되고 임상적 지식이 축적되어 그 대치의 방법이 각종으로 정비되어 갔음은 물론이다.

오온무아(五蘊無我)-자아를 끊다

또 하나 초전법륜에 관해서 앞에서 기술한 『마하박가』의 「무아상경」이라는 경전이 있다. 석존이 다섯 명의 도반들에게 행한 최초의 설법에 이어서 설한 것이라고 여겨진다. 그것은 인간존재 혹은 세계 그것을 물질적 요소로서의 색(色)과 정신적 요소로의 수(受, 감정)·상(想, 인지)·행(行, 의지)·식(識, 지성)의 다섯 개의 요소의 집적[五蘊]으로 이루어져 있다고 보고, 그 어떠한 요소도 자아[아트만]는 있을 수 없다는 것을 이해해야만 한다고 설한 것이다.

그와 같이 불교는 상당히 초기부터 요소환원주의적인 입장에 입각하여 어떤 실체로서의 존재를 해체하고자 하는 것이 있다. 가령 우리들은 마음이라는 것이 있다고 막연하게 생각한다. 하나의 마음이 있고, 그것이 각종으로 작용한다고 생각한다. 그러나 불교의 오온무아설에 의하면 심리현상이란 그러한 것이 아니다. 이른바 지·정·의(知·情·意) 등 각각 별도의 마음[수·상·행·식]이 있고, 그것들이 복합하여 생기하는 것에 지나지 않는다고 한다. 인간 개체도 실체로서 존재하는 것이 아니며 물질적[신체적]·정신적 요소들의 가화합(假和合, 임시적 집합)에 지나지 않는다는 것이다.

그 요소 하나하나 고정불변의 자아라는 실체는 있을 수 없다는 것을 설한 것이 「무아상경」이다. 우선 오온의 각각은 자신의 생각대로 되지 않기 때문에 '아로 되지 않는 것이다'라고 한다. 나아가 이들 오온의 현상은 무상이며, 무상이기 때문에 고라고 간주된다. 그리고 이 무상이며 고인 현상은 '이것은 나의 것이다', '이것은 나이다', '이것은 나의 자아이다'라고 인정되지 않는다고 한다.

이미 오온의 각각이 이렇게 해서 아트만이 있을 수 없는 이상, 상·일·주·재(常·一·主·宰, 항상적으로 존재하며 단일하며 주체인 것)의 개체적 존재는 있을 수 없는 것이 된다. 여기에는 무상·고·무아와 같은 인식이 있다. 그것은 단지 사실의 확인인 것이 아니라 이것을 잘 사유 관찰하여 허망한 자아에 대한 애착과 집착으로부터 해탈케 하는 가르침인 것이다. 뒤에 불교의 법인으로서

제행무상(諸行無常, 모든 현상은 무상이다)

제법무아(諸法無我, 모든 존재는 실체성이 없다)

열반적정(涅槃寂靜, 궁극적 평온의 세계는 고요한 세계이다)

의 삼법인(三法印 혹은 이 세 개에다 일체개고 즉 우리들의 생존의 일체는 괴로움이라고 하는 진리를 더한 四法印)을 읊조리지만 무상·무아·고의 가르침은 그와 같이 열반적정과 맥락을 같이하는 것이다. 즉 오온무아설은 자아에 대한 허망한 집착을 끊게 하고 무명을 소멸케 하기 위한 가르침인 것이다.

처음은 쉽게 점차 핵심으로 다가가는 가르침

이상 초전법륜의 설법이라고 여겨지는 것을 살펴보았다. 그 설법에 이미 석존의 가르침의 중요한 것이 포함되어 있다. 예부터 초기불교의 가르침은 사제·팔정도·십이인연으로 정리될 정도로 그 모두는 이미 살펴본 바 그대로이다. 그러나 이러한 설법은 너무나 잘 정리되고 체계화된 상태로 존재한다. 그러나 실제로 석존이 설한 것은 너무나 소박하고 상대의 근기에 따라 지극히 정확한 것이었을 것이다.

앞에서 기술한 부유한 상인의 아들인 야사의 교화에 즈음하여 석존은 순순히 보시를 베풀 것, 계율을 지킬 것, 선을 행하면 사후에 하늘에 태어나는 것, 여러 욕망에서 생기는 우환과 해악과 번뇌에 물드는 것 및 그것들로부터 벗어났을 때의 뛰어난 이익을 설하고, 게다가 사제의 법을 설했다고 한다. 처음은 비근한 알기 쉬운 가르침을 설하고 점차 불교의 핵심이 되는 가르침을 설했던 것이다.

그 결과 이윽고 야사는 '본 그대로 앎 그대로 자신의 경지를 관찰하여 집착이 없어지고 마음이 번뇌로부터 해탈'했던 것이라고 한다[『마하박가』]. 아마도 이것은 후세의 각색일 것이지만 석존이 각종으로 배려하면서 사람들을 인도했다는 것은 틀림없는 사실일 것이다.

도대체 석존이 실제로 어떠한 언어를 사람들에게 구사했을까? 오늘날 석존의 설법을 전하는 최고층의 문헌으로서는 『숫타니파타』나 『담마파다(法句經)』가 있다. 아래에서는 특히 『숫타니파타』에서 후대의 대승불교와의 연관을 고려하면서 몇 가지 석존의 언어를 기술해보고자 한다.

『숫타니파타』에서는 일관해서 괴로움의 근원을 근절하지 않으면 안 된다고 한다. 그것은

생각(想念)을 불살라 남김이 없고, 마음이 잘 다듬어진 수행자는, 이 세상도 저 세상도 다 버린다. 마치 뱀이 묵은 허물을 벗어버리는 것처럼(7).

세상에는 다섯 가지 욕망의 대상이 있고, 의지(意)의 대상이 여섯 번째라고 한다. 그런 것에 대한 탐욕에서 벗어난다면 곧 괴로움에서 벗어난다(171).

그는 이 세상 명칭과 형태(명칭은 수·상·행·식의 4온을 의미하고 형태는 색온을 의미한다. 즉 명칭과 형태는 오온이며 개체를 구

성하는 요소들이다)에 대한 애착을 끊어버린 것이다. 오랫동안 빠져 있던 검은 악마의 흐름을 끊어 버린 것이다. 다섯 사람 중에서 가장 뛰어난 스승은 이렇게 말씀하셨다(355).

명칭과 형태에 대해서 내 것이라는 생각이 전혀 없는 사람, 또는 무엇인가 없다고 해서 근심하지 않는 사람, 그는 참으로 늙지 않는다(950).

아지타여! 그대의 질문에 답하리라. 식별(識別) 작용이 없어짐으로써 명칭과 형태가 남김없이 멸했을 때에, 이 명칭과 형태가 없어진다(1037).

거룩한 스승은 대답했다. "우파시이바여! 정신 차려 무소유를 기대하면서 '거기에는 아무것도 없다.'라고 생각하는 것으로써 번뇌의 흐름을 건너라. 모든 욕망을 버리고 의혹에서 벗어나 애착의 소멸을 밤낮으로 살펴라"(1070).

등을 통해서 실현되는 것이라고 설한다. 단순히 '무명을 소멸하라'고 정형적으로 말하는 것이 아니라 개개의 구체적인 지시를 부여하고 있음을 알 수 있다. 그것도 핵심은 마음을 잘 다스리고 감각의 대상이나 자아에 대한 집착에서 떠날 것을 말씀하신 것이다.

인식하는 것을 멈추라

지금 불생·불사의 열반을 실현하는 방법 가운데 '식별작용을 멈춘다.'라는 것이 있음을 살펴보았다. 앞에서 인용한 '학생 멧타구의 질문' 중에서도

> 멧타구여! 상하·좌우·중간 어느 곳에서나, 그대가 아는 어떤 것이라도, 그것에 대한 기쁨과 집착과 식별을 버리고 덧없는 생존 상태에 머무르지 말라(1055).

라고 기술했다. 모든 인식대상에 대한 희열이나 편견에 대한 집착뿐만 아니라 그 식별작용조차 제거해야만 한다고 기술한다. 그리고

> 아지타여! 그대의 질문에 답하리라. 식별(識別) 작용이 없어짐으로써 명칭과 형태가 남김없이 멸했을 때, 이 명칭과 형태가 없어진다(1037).

라고 언급한다[명칭과 형태란 명과 색이며 앞에서 기술한 바와 같이 오온의 하나로서 개체에 대한 집착을 의미한다]. 식별작용이 멈춰지는 것이 문제의 해결과 관련된다고 한다.

대상에 대한 집착과 대상의 인식은 사실상 불가분임을 석존은 직관했던 것이다. 조금이라도 무엇인가의 대상을 대상으로 인식하는 곳에서 무명이나 허망한 집착이 스며 나오게 된다. 마음의

미세한 영역에서 그러한 욕망이 있다는 것이 석존에게는 알려져 있었던 것이다. 그러한 의미에서 인식활동을 멈출 때, 개체에 대한 집착으로부터 해방된다.

희론적멸(戲論寂滅)—생각하는 것도 없고 생각하지 않는 것도 없다

식별작용과 거의 같은 의미의 언어로서 생각(想念)이 있다. 석존은 그 생각의 소멸도 설한다.『숫타니파타』제4장의 '투쟁'의 부분은

투쟁 · 논쟁 · 근심 · 슬픔 · 인색 · 만심(慢心) · 오만 · 악구(惡口)는 어디서 나타난 것인지, 어디서 일어난 것인지, 그것을 말씀해 주십시오(862).

라는 질문에서 시작하여 차례대로 묻고 답한다. 인도사상계에서의 격렬한 논쟁을 배경으로 하고 있는 것이며, 또한 여러 번뇌의 근원은 무엇인가를 묻는 것이다. 그 근원을 차례로 천착해 들어가는 것이, 마치 십이연기의 규명과 같다. 다만 여기서는 그 최종적인 원인은 명(名)과 색(色)에서 구하고 있고, 나아가 소멸하는 길을 다음과 같이 기술한다.

투쟁 · 논쟁 · 근심 · 슬픔 · 인색 · 만심 · 오만 · 악구(惡口)는 사

랑하고 좋아하는 데에서 일어난다. 투쟁과 논쟁에는 인색이 따르고, 논쟁이 일어나면 악구가 나온다(863).

세상에서 사랑하고 좋아하는 것은 무엇이 인연이 되어 일어납니까? 또 세상에 널리 퍼져 있는 욕심은 무슨 인연으로 생기며, 사람이 내세에 대해서 가지는 희망과 그 성취는 무슨 인연으로 생깁니까(864)?

세상에서 사랑하고 좋아하는 일과 욕심은 욕망이 인연이 되어 생긴다. 또 사람들이 내세에 대해 갖는 희망과 성취도 이것을 인연으로 하여 일어난다(865).

그러면 세상에서 욕망은 무엇을 인연으로 일어납니까? 또 형이상학적인 단정은 무엇에서 생깁니까? 분노와 거짓말과 의혹과 사문이 말하는 일들은 무엇에서 일어납니까(866)?

세상에서 쾌(快)·불쾌(不快)라고 하는 것에 의해서 욕망이 일어난다. 모든 물질적 존재에 있어 생기고 소멸하는 것을 보고, 세상 사람들은 외적인 사물에 사로잡혔다고 단정을 내린다(867).

분노와 거짓말과 의혹, 이런 것도 쾌·불쾌의 두 가지가 있을 때 나타난다. 의혹이 있는 자는 지혜의 길에서 배우라. 사문은 알기 때문에 여러 가지 일을 말한 것이다(868).

쾌·불쾌는 무엇을 인연으로 일어납니까? 또 무엇이 없을 때 이 것이 일어나지 않습니까? 생기고 소멸하는 뜻과 그 인연이 되어 있는 것을 말씀해 주십시오(869).

쾌·불쾌는 접촉을 인연으로 해서 일어난다. 접촉이 없을 때에 는 이것도 일어나지 않는다. 생기고 소멸한다는 뜻과 그 인연이 되어 있는 접촉을 나는 너에게 말한다(870).

세상에서 접촉은 무엇을 인연으로 일어납니까? 집착은 무엇에 서 생깁니까? 무엇이 없을 때 아집(我執)이 없어집니까? 또 무엇 이 소멸했을 때 접촉을 없앨 수 있습니까(871)?

명칭과 형태로 인해서 접촉이 일어난다. 모든 집착은 요구에 의 해서 생긴다. 요구가 없을 때는 아집도 없으며, 형태가 소멸했을 때는 접촉도 없어지고 만다(872).

어떻게 행하는 자에게 형태가 소멸됩니까? 소멸되는 모습을 말 씀해 주십시오. 나는 그것을 알고자 합니다. 나는 이같이 생각 했습니다(873).

있는 그대로 생각하는 자도 아니고, 잘못 생각하는 자도 아니 며, 생각이 없는 자, 생각을 소멸한 자도 아니다. 이렇게 행하는 자의 형태[色]는 소멸한다. 그러나 넓혀지는 (희론) 의식은 생각을 인연하여 일어나는 것이다(874).

우리가 당신께 물은 것을 당신께서는 잘 설명해 주셨습니다. 우리는 또 다른 것을 당신께 묻겠으니 그것을 말씀해 주십시오. 이 세상에서 어떤 현자들은 이 상태야말로 사람의 으뜸가는 청정한 경지라고 말합니다. 그러나 그보다 더 청정한 경지가 있다고 말하는 사람은 없습니까(875)?

이 세상의 어떤 현자들은 이 상태야말로 최상의 청정한 경지라고 말한다. 또 그 가운데 어떤 사람들은 단멸(斷滅)을 말하고, 정신도 육체도 남김없이 소멸하는 데에 으뜸가는 청정한 경지가 있다고 말한다(876).

그러나 생각이 깊은 성인은, 이 사람들은 '걸림이 없다'는 것, 여러 가지 걸림을 알고 '현자는 여러 가지 덧없는 생존을 받지 않는다'고 알아, 해탈한 사람은 논쟁에 끼어들지 않는다(877).

위의 『숫타니파타』 874게송에서 '넓혀지는 의식'이라고 번역한 말은 일반적으로 희론(戲論)이라 한역되는 말[산스크리트어로 prapañca]이다. 희론이란 일상의 허망성으로 가득 찬 언어라는 의미이다. 생각에 근거하여 그 희론의 이름이 존재하고 그것에 의해서 괴로운 생존으로서의 개체, 그리고 수많은 번뇌가 성립한다.

그러므로 생각을 소멸함으로써 희론의 적멸을 실현할 수 있는 것이다.

그렇다면 생각을 소멸한다는 것은 어떤 의미인가? 생각을 소멸하려고도 하지 않고 생각이 없다고 의식하지 않을 때 참으로 생각을 소멸한 것으로 된다는 것이 여기서의 석존의 가르침인 것이다. 석존의 설법은 오로지 무명·번뇌에 대한 허망한 집착을 단절하고 그 격류를 건너서 무상의 열반으로 도달하라는 것이다. 그 방도로서 '생각하는 것도 없고 생각하지 않는 것도 없는 것'이 급소가 된다. 그것은 또한 식별작용의 멈춤과도 통하는 것이다.

대상적 인식이나 사변적 생각[상념]을 부정하고 주관과 객관이 분열한 마음을 통일시켜 일상의 분별이 싹트지 않는 곳에서 도리어 진실을 보는 지혜가 생기는 것이다. 이 실천은 괴로움[苦]과 즐거움[樂]을 떠난 중도보다도 있다[有]와 없다[無]는 판단을 떠난 중도, 단멸[斷]과 상주[常]의 인식 그 모두를 떠난 중도를 떠올리게 한다. 그와 같이 석존 본래의 시중(時中)의 설법은 대승불교와 직결되는 것이다. 『숫타니파타』에는 다음과 같은 구절도 있다.

> 스승께서 대답하셨다. 항상 정신 차려 자기를 고집하는 편견을 버리고, 세상을 빈 것[空]으로 보라. 그러면 죽음을 넘어설 수가 있을 것이다. 이와 같이 세계를 보는 사람은 죽음의 왕을 보지 않는다(1119).

자아와 세계, 바꾸어 말하면 자아[아트만=주체적 존재]와 법[다르마

=객체적 존재]의 두 개의 공을 관찰하는 자에게는 불사(不死)의 문이 열리게 되며 불생(不生)의 열반이 실현된다고 한다. 자아와 세계의 '공'을 관찰하는 것이 도제(道諦)로의 길임을 석존은 지적한다. 이 석존의 가르침은 대승불교와 거의 다를 것이 없다.

5. 최후의 가르침

수행자 고타마가 아들을 빼앗다

석존의 설법과 교화의 나날은 80세까지 이어졌다. 여름 우기에는 한 곳에 머물고서 출가한 제자들과 수행의 나날을 보냈지만 우기가 지나면 법을 널리 홍포하기 위해 편력 행각의 나날을 보냈다. 수수한 색깔의 옷을 걸치고 바루를 지니고서 몇 명의 제자들과 함께 읍이나 시골 마을로 밥을 빌러 다녔다. 이상한 옷차림을 한 집단이 세속적 가치관의 부정을 내걸고 가는 것은, 고대 인도라고 해도 일상생활을 영위하는 보통사람들에게는 충격이었음에 틀림없다.

석존의 교화활동은 지극히 강력한 것이 있어, 다른 종교에 귀의한 사람들조차 집단적으로 불교로 개종할 정도였다. 한 예로 산자야라는 바라문이 이끄는 250명의 바라문들이 산자야의 뜻을 어기면서까지 석존에게 귀의하였다. 그 선두에 선 사람들은 사리붓다(舍利弗)와 목갈라나(目犍連)이다.

그 무렵 마가다국의 시민의 자제들도 석존에게 나아가 출가하고 싶어 하였다. 그러나 석존을 탐탁찮게 여긴 사람들은

수행자 고타마 붓다가 와서 우리 자식들을 모두 빼앗아 간다. 수행자 고타마 붓다가 와서 우리 남편을 빼앗아 간다. 수행자 고타마 붓다가 와서 우리 집을 단절시킨다. 지금 그는 1,000명이나 되는 결발한 수행자들을 출가시켰다. 산자야를 따르는 250명의 편력하는 수행자 모두를 출가시켰다. 마가다국의 많은 저명한 양가의 자식들은 잇달아 수행자 고타마 붓다의 문하에서 청빈한 수행을 행하고 있다[『마하박가』].

라고 분노할 정도였다.

오늘날의 급진적인 신흥종교와 같이 석존의 종교는 '건전한 사회'에 마찰을 불러일으킬 수밖에 없는 것이었다는 것도 우리들은 잊어서는 안 된다. 그것은 욕망의 충족을 오로지 추구하는 사회체제를, 세간적 성공만을 추구하는 자아를 근저에서 비판하는 것이었다.

나카무라 하지메(中村元)는

원시불교에 귀의한 사람들은 왕족 · 상인 · 수공업자 등이며 대체로 도시에 거주하는 사람들이었다. 그러나 도시적인 생활을 그대로 긍정한 것이 아니라 도시적 생활의 부정태에서 원시불교의 출가자 교단은 성립했던 것이다[나카무라 하지메 선집 제

11권 『고타마 붓다』.

라고 설명한다. 석존의 전도는 이익과 능률의 추구에 매진하는 도시문명에 대한 물음이기도 했던 것이다.

수닷타라는 부호는 상당히 광대한 토지를 매입하여 정사(精舍)를 건설해 석존에게 보시했다. 코살라국의 도시 사밧띠 교외에 있는 토지를 그 나라의 태자 제타로부터 매입한 것으로 그것은 제타의 숲[Jetavana]이라 불린다. 그 정사를 기원정사(祇園精舍)라 한다. 수닷따는 '고독한 사람들에게 식사를 제공하는 사람'으로서 급고독장자(給孤獨長者, 고아나 독거노인들에게 음식을 제공하는 장자)라고도 불리는 인물이다.

그 수닷타는 많은 보시 때문에 오히려 부채를 많이 지고서 가세가 기울었다고도 한다. 아직 부가 오로지 자기증식을 추구하여 폭주한다고 하는 자본 그 자체의 논리가 인간을 집어삼키지 않았던 시대였던 것일까.

신도도 증가하고 자산의 시여(施與)도 증가함에 따라서 바라문교에 대치하는 석존의 교단은 이윽고 점차 사회와 공존하는 교단으로 되었을 것이다. 석존 자신의 수행시대는 숲이나 묘지 등에서 수행이 행해졌지만, 법의 전승을 고려했는지 점차 교단의 형성이나 시설의 정비를 진행했다. 그렇다고 해도 석존의 종교는 '출가(出家)'를 제일로 하는 것이었다.

최후의 여행과 유녀 안바바리

45년간의 교화의 나날 중에는 다양한 사건이 벌어졌다. 주술에 뛰어난 카사파라는 이름의 세 사람[우루벨라 카사파, 나디 카사파, 가야 카사파]에게 대신통력을 보여 귀복시킨 적도 있었다. 마가다국의 국왕 빔비사라의 귀의도 받기에 이르렀다. 빔비사라왕은 라자가하[왕사성]의 북쪽 근방에 있는 죽림정원을 기진하여 정사를 건립했다.

코살라국의 빠세나디왕과도 깊은 교분을 맺었다. 이 빠세나디왕과 석가족의 피를 불러일으킨 바사하 카티야 왕비 사이에서 태어난 아들인 비드바하왕자는 이윽고 왕이 되고나서 석가족 전원을 섬멸시켰다고 한다. 석존은 말년에 이 비극을 조우했다고 한다. 80세 무렵 석존은 결과적으로 최후의 여정이 되는 여행을 떠났다. 이 무렵 석존의 사촌동생인 아난다(아난)를 시자(侍者, 곁에서 시중을 드는 사람)로서 함께 데리고 다녔다.

이 여행은 왕사성을 출발하여 갠지스강을 건너 베살리 등을 통과하여 쿠시나라에 도달하는 것이었다. 마가다국-밧지국-마라국의 세 나라를 걸친 여행이었다. 베살리는 상업도시로서 대단히 번영했지만 거기에는 용모단정하고 가무음곡에 뛰어난 유녀 안바바리가 있었다. 남자들이 아무리 많은 돈을 쏟아 부어도 아깝다고 생각하지 않을 정도의 여성으로서 이 안바바리의 덕택에 베살리는 번영하게 되었다고 한다.

베살리에 들어간 석존은 안바바리 소유의 정원에 이르러 후한 대접을 받았다. 안바바리는 오래전부터 석존에게 귀의한 사람이며 석존도 그곳에 머무르는 동안 많은 설법을 행하였다. 젊었을 때 하렘를 버린 석존이 최만년 경성지색(傾城之色, 傾國之色이라고 하는데 아름다운 여인을 표현한 말)이라고 불릴 만큼 아름다운 여성에게 시중을 받았다. 그러한 한 장면이 불전에 삽입되어 있다.

그곳으로부터 석존은 베살리시 교외의 죽림의 마을로 들어가 여름 우기의 정주[雨安居]에 들어갔다. 이 무렵 병에 걸려 거의 죽을 정도의 격렬한 통증이 일어났다고 한다. 석존은 필사적으로 견디면서 어떻게든 애써 버텨 왔지만 죽음의 기약은 확실하게 가까워졌던 것이다.

석존 최후의 설법─자기를 섬으로 삼고, 법을 섬으로 삼아라

이때 아난다는 최후의 설법을 간청했다. 석존의 설법은 다음과 같다.

아난다여! 수행승들은 나에게 무엇을 바라는 것인가? 나는 내외의 구별 없이 모두 다 법을 설했다. 완전한 사람의 교법에는 무엇인가를 제자에게 숨기는 교사의 은폐란 전혀 존재하지 않는다. '나는 수행승의 무리[비구승가]를 이끌 것이다.'라든가 혹은 '수행승의 무리(비구승가)가 나에게 의지한다.'라고 이와 같이 생각하는 자야말로 수행승의 무리에 관해서 무엇인가를 말할 것이다. 그러나 상향으로 나아가려고 힘쓰는 사람(如來)는 '나는 수행승 무리를 이끌 것이다.' 라든가 혹은 '수행승 무리들은 나에게 의지한다.'라든가 하는 생각이 없다. 아난다여! 나는 늙고 나이가 들어 노쇠하여 인생의 여로를 통과하고 노령에 도달하여 나이는 80이 되었다. 비유하면 오래된 수레가 가죽 끈의 도움을 받아서 겨우 움직이는 것처럼, 나의 수레인 몸도 가죽 끈의 도움을 받고 있는 것이다. 그러나 상향으로 나아가려고 힘쓰는 사람이 일체의 상을 마음에 머물게 하지 않고 하나하나의 느낌들을 소멸함에 의해서 상이 없는 마음의 통일에 들어가 머물 때, 그의 신체는 건전한 것이 된다. 그렇기 때문에 아난다여! 이 세상에서 자신을 섬으로 삼고, 자신을 의지처로 하고, 타인을 의지처로 하지 말라. 법을 섬으로 삼고, 법을 의지처로 하고, 다른 것을 의지처로 하지 말라[『디카니카야』].

석존에게는 일체 아집이 없었기 때문에 모든 것을 공개하여 감추는 것이 없었다. 그것도 결국 자기와 법만이 의지처가 되는 것이었다. 섬이라고 번역된 말은 등불이라고도 번역할 수 있다. 여기서 '자등명 · 법등명(自燈明 · 法燈明)'이라고도 말해지는 것이다.

왜 자기와 법만이 의지처가 되는 것일까? 그 구절 앞에 있었던 것처럼 일체의 상념이나 감수를 소멸한 당사자의 무상한 마음의 통일이야말로 진실[법]을 실현한다. 그렇기 때문에 자기를 섬으로 삼고, 법을 섬으로 삼으라고 말하는 것이다. 이 '자등명 · 법등명'의 구절을 이끄는 '그렇기 때문에'라는 말의 앞부분을 우리들은 잊어서는 안 될 것이다.

최후의 제자 수밧따에 대한 가르침

석존은 베살리를 출발하여 계속해서 여정을 이어갔다. 4~5개 정도의 마을을 지나 바바 마을에 들어서자 대장장이인 춘다의 극진한 환대를 받았다. 그러나 불행히도 춘다가 제공한 식사에 의해서 입멸에 이를 급병을 얻게 되었던 것이다.

쇠약한 몸으로 피로를 호소하고 목마른 갈증을 절규하면서 겨우 쿠시나라까지 당도했다. 그리고 그곳에 있는 사라(娑羅) 나무 숲에 들어가 두 그루의 사라 나무[娑羅雙樹] 사이에 머리를 북쪽으로 두고서 휴식을 취한 것이 석존의 최후였다. 아난다에게는 슬퍼하지 말라, 비탄해하지 말라고 호소하고 자신에게 평생 시봉(侍奉, 윗사람을 곁에서 모시는 행위)을 들어준 것에 대해 감사하고 노력하고 또 노력하라고 격려하였다.

이즈음 수밧따라는 편력행자가 가르침을 받고자 하여 석존에게 왔다. 아난다는 석존의 몸을 생각하여 면회를 거절하였지만 이것을 들었던 석존은 수밧따를 안으로 들어오게 했다. 수밧따는 석존의 마지막 제자가 된다. 이 수밧따에게 석존은 다음과 같이 말한다.

수밧따여! 나는 29세에 선을 구하기 위해 출가했다.
수밧따여! 나는 출가한 지 50여 년이 되었다.
바른 이치(正理)와 법의 영역만을 걸어왔다.
이것 이외에는 도인이 되는 길은 그 어디에도 없다.

이 일이 있고난 뒤 얼마 되지 않아 석존은 일생을 마감했다. 석존은 선을 구하기 위해 출가하고 깨달음을 완성하여 법을 설하면서 일생을 마쳤다. 선이란 이 경우 사회적·도덕적인 의미가 아니라 인간의 근원적인 해방을 의미하는 것이다. 그것은 풍요로움으로부터 해방이기도 하였다.

그리고 설한 법은 그 해방으로의 길이었다. 즉 '자아에 고집하는 견해를 안으로 혁파하고 세계를 공이라고 관찰하는 것'[『숫타니파타』 1119]이다. 그것은 자기 자신의 마음의 통일 속에서 구해져야만 하는 것이다. 이렇게 해서 석존의 생애와 깨달음의 일체는 도시의 문명이나 현대의 지식인에게 다시 한 번 생각해 볼 것을 재촉한다.

2장

부파불교의 전개

아비다르마의 미궁

1. 설일체유부와『구사론』

제1결집-경·율의 확정

석존이 입멸하기 직전 제자들에게 호소한 것은

자기를 섬으로 삼아라!
법을 섬으로 삼아라!

라는 말씀이었다. 불교의 개조는 후세의 불교도에게 자기의 존재를 신격화한다든지 카리스마화한다든지 하는 요구는 전혀 하지 않았다. 그러한 것은 오히려 명확하게 거절하였다. 사람들에게 외적인 제도나 권위에 유혹되지 않고 오로지 자기의 마음을 무상(無相)으로 통일해 가는 과정에서 진실을 발견할 것을 호소하신 것이다. 그것은 호소를 넘어 경계의 말씀이었다.

자기야말로 가장 의지해야 할 의지처로 삼아야 하며, 다음으로 의지해야 할 의지처는 역시 석존의 가르침 즉 말씀[法]이다. 석존이 입멸했을 때 제자들은 우선 제일로 석존의 가르침을 집성하여 영겁으로 전해갈 채비를 갖추었던 것이다.

이 가르침의 집성을 위한 회의를 결집(結集, 상기티)이라 한다.

불교 역사상 결집은 몇 회 행해졌지만 석존의 입멸(기원전 383년) 뒤 얼마 되지 않아 열렸던 이 결집을 제1결집이라 한다.

이때 석존의 가르침(담마=경전)은 석존이 입멸할 때까지 곁에서 모셨던 아난다가 먼저 암송하고, 교단의 규칙(비나야=율)은 여기에 밝은 우파리(優波離)가 먼저 암송했다. 결집의 원어인 상기티는 합창(合唱)을 의미하는 말이다. 아난다나 우파리가 암송했던 구절에 대해서 승가의 무리들은 합창으로 화답하여 승인하는 형태로 불설로서의 경과 율이 거기서 확정되었던 것이다.

그러나 유감스럽게도 그것이 실제로 어떠한 것이었던가는 오늘날은 여전히 알려져 있지 않다. 우리들에게는 초기불교(석존 및 그 직계 제자들의 불교)의 경전으로서 앞에서 기술한 바와 같이 한역의 『아함경』과 팔리어의 『니카야』가 남아 있지만, 그것들은 이 제1결집이 이루질 때보다도 상당히 후대의 형태를 전하는 것이며 아마도 상당한 증광(增廣)이나 개변(改變)이 있었고, 그 와중에 이것이 석존의 직설(直說)이라는 것을 바르게 판별하는 것은 어려운 상황에 놓여 있었다는 것은 사실이다.

교단의 인원 구성

여기서 경전과 계율을 전하고 있었던 석존의 교단 사정을 잠깐 살펴보도록 하자. 『숫타니파타』에는 "다음으로 재가자가 해야 할 일을 그대에게 말하리라. 이와 같이 실행하는 사람은 좋은 '가르침을 듣는 사람'(불제자)이다. 순수한 출가 수행자에 대한 규정은 소유하고 있는 것에 대해 번민하고 있는 사람[在家者]이 이것을 달성하는 것은 쉽지 않다(393)."라고 기술한다.

　이것에 의하면 석존은, 본격적인 수행은 출가하지 않으면 안 된다고 생각하고 있었음을 알 수 있다. 기본적으로 석존의 종교는 출가주의이며, 교단이라고 하면 출가한 남자와 여자 즉 비구와 비구니의 수행공동체에 다름 아니었다.

　그것을 상가라고 하고 음사하여 승가(僧伽)라고 쓴다. 승이란 승가의 가의 생략된 것으로, 본래 교단을 의미하는 것이지 결코 한 사람의 수행자만을 의미하는 것은 아니었다. 불·법·승의 삼보(三寶)라 할 때의 승보도 상가(공동체, 교단)로서의 보물이다. 다만 동남아시아에서는 지금도 한 사람의 스님을 상가라고 부르는 데도 있는 것 같다.

　승가에 입단하려고 하는 자는 입단 후 머지않아 지도를 받을 스승을 구하여 의지한다. 그 스승을 화상(Upadhyaya)이라 한다. 화상은 이미 10년 이상 수행을 한 자와 같은 자격을 필요로 했다. 입단에 즈음해서는 250여 조항으로 이루어진 계율(남성의 경우이다. 여성의 계율은 좀 더 많다)을 받지만 그것은 10인의 스님으로 이루어진 수계의 의식에 의한다. 그 10인의 사람들을 교수사(敎授師)라 한다. 그 의식을 주관하는 것은 갈마사(羯磨師)이다.

　입단 후는 화상의 지도하에 수행생활을 영위한다. 특히 좌선의 수행이나 교의의 학습에 관해서는 전문적인 스승에게 나아가서 배우는 것도 허용된다. 그 스승이 아사리(阿闍梨)이다. 화상이나 아사리 등 한국이나 일본에서는 약간 이 본래의 의미와는 달리 사용되는 것이 보이지만, 승가에는 그와 같은 교사의 체계가 있어 후배의 지도 교육이 철저하게 이루어지고 있었다.

인간의 보편적 공동체로서의 사방승가(四方僧伽)

출가자가 지니는 물건은 무한히 무에 가까웠다. 세 벌의 옷과 식사를 위한 바루[鉢]와 앉을 때의 방석인 좌구(坐具) 그리고 벌레를 죽이지 않고 물을 마시기 위한 물을 거르는 주머니인 녹수낭(漉水囊) 등 여섯뿐이었다. 식사는 하루 한 끼이다. 정오를 지나면 식사는 더 이상 허용되지 않는다. 물론 식사는 오전 중에 탁발하여 얻은 것이다. 출가자는 '진형수걸식(盡形壽乞食, 여기서 진형수는 한평생을 의미하기 때문에 진형수걸식이란 한평생 걸식으로 살아간다는 것이다)'이라 하여 생애, 걸식에 의해서 신명(身命)을 기르는 것이다.

승가에서의 생활이지만 아침 일찍 일어나서 좌선하고 탁발한 뒤 오전 중에 식사를 한다. 낮에는 신도의 집을 방문한다든지 좌선을 한다든지 한다. 저녁이 되면 법당에 모여서 가르침에 관한 것, 수행에 관한 것 등을 서로 말하는 법담을 잠시 갖는다. 혹은 스승을 찾기도 한다. 뒤에 자기 방으로 돌아와서 다시 좌선을 하여 하루를 마친다.

법담 외에는 침묵이 존중되었다. 가무나 연극 등을 감상하는 것도 계율로 금지되어 있었고, 오락 등과 같은 것도 없었다. 여기서는 밤새도록 산란한 영상과 음성과 같은 현대의 소란일상은 전혀 존재하지 않는다. 오로지 자기로 향하는 평온만이 있을 뿐이다.

승가 내에는 신분에 의한 차별은 없다. 다만 먼저 입단한 선배를 공경하면서 질서 있는 생활을 보냈다. 연령에 의해 공경받는 것이 아니라 입단 이후의 연수(年數, 法臘이라 한다)에 의해서 상하의 관계가 규정되는 것이다. 도를 구하는 청정함과 상호 공경하는 따뜻함이 승가를 포근히 감싸 안고 있었을 것이다.

이 승가는 지역마다 자치에 의해서 운영되었다. 어떤 일정한 지역을 한정한 수행공동체로서의 승가는 최소 4인 이상으로 성립했다고 한다. 그러한 현실에서 운영되고 있는 자치조직으로서의 상가를 '현전승가(現前僧伽)'라 한다.

이들 다수의 현전승가는 그 모두가 눈에 보이지 않는, 요컨대 이념적인 존재로서의 보편적인 승가에 포섭되고 있다고 생각된다. '보편적'이라는 것은 지역적으로 어디까지라도 그 모두를 포함하고 시간적으로도 과거에서 미래로의 일체의 시간에 존재하고 있는 것이다. 그 끝없는 광대한 불교도들의 공동체[승가]가 있고, 그 속에 우리들의 눈에 보이는 구체적인 개개의 승가가 있다고 생각되었던 것이다. 그 눈에 보이지 않는 승가를 '사방승가(四方僧伽)'라 한다.

사방의 원어인 차투데샤(caturdeśa)는 초제(招提, 사방의 스님들이 모이는 절)라 음사되었다. 일본 나라[奈良]의 당초제사(唐招提寺)는 당나라 감진(鑑眞)을 개조로 하는 모든 종파(四方)의 출가자를 위한 계율을 배우는 도량이다. 기독교에는 개개의 교회와는 별도로 예수의 신체로서의 '눈에 보이지 않는 교회'가 말해지지만, 사방승가에도 그 눈에 보이지 않는 보편적인 교회에 대응하는 면이 있다고 볼 수 있다. 불교도는 이른바 인간의 근원적인 공동체의 일원인 것이다.

근본분열과 지말분열

석존의 전도 결과로서 불교 출가자들의 교단은 대강의 세력을 보존·유지하여 인도 사회에 존속해 왔다. 이윽고 불멸 후 100년경(기원전 283년경), 그때까지 하나의 교단으로서 존속해 왔던 불교 승가에서 의견의 대립이 현저하게 발생했다. 100년이라는 시간이 경과하면 사회상황도 상당히 변화하는 것은 당연하다. 가령 석존은 금전의 보시를 받아서는 안 된다고 하였다. 그러나 화폐경제가 발달하자 금전의 수수도 일상적으로 이루어지게 되고 출가의 교단도 그 영향을 받는 것은 어쩔 수 없는 상황이었다. 그러한 것 등 교단의 운영이나 출가자의 생활을 어느 정도 시대에 맞게 개선해야만 한다고 주장하는 자들이 출현하게 되었던 것 같다.

당연히 반대로 계율은 저 석존께서 제정하신 것이기 때문에 엄격하게 지켜져야만 한다고 주장하는 자들도 나온다. 이렇게 해서 화합승이라고 말해지는 것처럼 서로 친하고 화합해야 할 승가 속에서 의견의 대립이 표면화되기에 이르렀다.

이러한 상황에서 교단은 심각해진 이 문제를 해결하기 위해 장로들에 의한 회의를 개최하여 심의하였지만, 결국 석존께서 제정하신 계율은 어디까지나 고수되어야 한다는 결정이 내려졌다. 그러나 운영의 개선을 주장한 이른바 혁신파는 이러한 결정에 납득하지 못하고 스스로 새로운 분파를 형성했던 것이다. 이 분열을 '근본분열(根本分裂)'이라 부른다. 혁신파 쪽을 '대중부(大衆部)'라 하고 이른바 보수파에 해당하는 쪽을 '상좌부(上座部)'라 한다. 또한 이렇게 분열할 무렵, 제2결집이 이루어졌다고 여겨진다.

재차 교단이 분열하면 그 뒤를 이어 의견의 상위나 인맥 등 여러 가지 요인에서 더욱더 분열을 반복하게 된다. 역시 보수적인 상좌부 쪽이, 그 뒤의 분열의 시작은 더디지만 그럼에도 역시 분열을 초래했던 것이다. 대중부·상좌부에서 나아가 미세한 분파가 형성되었던 것을 '지말분열(枝末分裂)'이라 부른다.

예부터 북방(중국, 한국, 일본)에 전해진 바에 의하면 근본·지말 양 분열의 결과, 20개 정도의 교단이 성립했다고 한다. 실제는 더 많은 분파가 존재했던 것 같다. 이와 같이 석존의 교단은 불멸 후 100년가량 크게 두 개로 분열하고 그 뒤 차례로 다수의 교단으로 분열했던 것이다. 그 하나하나의 교단을 '부파(部派)'라 부르는 것이다.

아비다르마—세계의 분석

그러한 각 부파의 가르침을 내용으로 하는 불교를 '부파불교(部派佛教)'라 부른다. 그것은 뒤에 대승(大乘, 위대한 교의. 승이란 타는 것이지만 교의를 의미한다)불교 측에서 '소승불교(小乘佛教, 열등한 교의)'라 불렀던 것이지만, 물론 각 부파가 자기들의 가르침

부파분열도(『이부종륜론』에 의함)

불멸후
100년

대중부　　상좌부

일설부
설출세부
계륜부
다문부
설가부

불멸후
200년

제다산부
서산주부
북산주부

본상좌부(설산부)
설일체유부

독자부
화지부
음광부
경량부
법장부

불멸후
300년

법상부
현위부
정량부
밀림산주부

을 소승이라 불렀던 적은 없다. 오늘날 스리랑카나 타이의 각 나라들에 존재하는 불교는 상좌부(테라바다)의 흐름을 계승한 것이며, 자신들이야말로 석존 이래 불제자의 정통 그 자체라고 자임하고 있다. 오히려 중국불교·한국불교·일본불교 쪽을 승려들의 생활을 포함해서 타락한 불교라고 생각하고 있다.

부파불교의 특징은 어떠한 것이었을까? 석존이 입멸한 뒤 전일하게 수행하는 출가의 수행자들이 실천에 입각하여 사색과 논의를 심화하는 과정에서 부지런히 쌓아올렸던 가르침이기 때문에 상당히 상세하고 복잡하며 번쇄한 것이었다는 것은 자연스러운 것이었다. 석존 자신의 가르침(언어)은 때로는 간명하며 때로는 상대의 근기에 맞는 표현이 사용되고 있지만, 석존 말씀의 집성으로서 경전에 대해서 뒤의 수행승들은 개념을 정확히 하여 논리를 통해서 모순적 표현을 해석하는 것 등으로서 일대교의체계를 구축해 갔던 것이다. 석존의 언어를 해석하고 깊이 천착해 간 것은 또한 세계의 인식을 세부에 걸쳐서 규명해간 것이기도 하다.

부파불교의 불교도들의 그와 같은 행위를 '아비다르마(abhidharma)'라고 한다. 그렇기 때문에 부파불교는 또한 '아비다르마불교'라고도 말해진다. 아비다르마의 '아비(abhi)'라는 것은 '에 대해서, 을 향해서'라는 뜻이다. 따라서 아비다르마를 중국에서는 '대법(對法)'으로 번역했다.

그렇다면 '다르마' 즉 '법(法)'이란 무엇인가? 법이라는 말은 대단히 다의적인 말이며 사회적인 법률이나 자연적인 법칙을 의미하는 것도 있으며, 가르침이나 진리를 의미하는 경우도 있다. 지금 기술한 바와 같이 원래 아비다르마란 석존의 가르침(교법)에 대한 규명이었다.

그러나 법이라는 말의 불교 속에서의 하나의 기본적 용법·의미는 존재이며 현상인 궁극적인 단위가 되는 것, 이른바 그 구성요소로서 파악되는 것이다. 이 경우 법의 정의는 '자상(自相, 독자의 특질)을 유지하는 것'이라는 것이다. 한역으로는 잘 알려져 있는 말로서 임지자성 궤생물해(任持自性 軌生物解, 자성을 지니며 궤범이 되어 사람들에게 그것의 이해를 낳는 것)이라는 말이 있다.

세계는 천변만화해 가는 과정에서도 그 존재의 참모습을 잃지 않고, 이것에 의해서 사람들에게 인식을 생기게 하는 것이 법이다. 그렇다면 아비다르마란 존재이며 현상인 기본적 단위를 분석해 가는 것이라는 의미가 될 것이다. 자연과학에서는 세계의 구성요소로서 물질의 궁극의 단위가 되는 것(원자 등)을 탐구하고 그것에 의해서 세계를 기술하려고 한다. 심리현상도 그들 물질적 요소의 변화나 조합 등으로 설명하려고 하는데, 그것과 유사한 바가 있다.

다만 불교에서는 물질적 현상도 심리적 현상도 다 같은 현상으로서 같은 반열에서 다루고 각각에 그 궁극의 단위가 되는 것을 탐구한다. 그것은 뒤에서 살펴볼 5위75법으로 정리되었다. 오온무아설과 같이 여기서도 요소환원주의적인 것이다. 그 분석을 기본으로 하여 세계의 참모습이나 수행의 방식 등을 극명하게 논한 것이 아비다르마불교이다.

논장으로서의 아비다르마

이 '자상을 유지하는 것'으로서의 법에는 실은 변화하는 세계와 관련되는 것과 변화를 초월한(여읜) 것의 두 종류가 있다. 전자를 유위법(有爲法)이라 하고 후자를 무위법(無爲法)이라 부른다. 누구라도 알고 있는 '이로와 노래'[1]는 한자를 섞어서 기술하면

아름다운 꽃도 언젠가는 져버리거늘
(아무리 영화를 과시해도 흩어져 버리기 때문)

우리가 사는 이 세상 누군들 영원하리.
(우리들이 사는 이 세상 영원히 사는 사람이 있을까,
아무도 영원히 사는 사람은 없다)

덧없는 인생의 깊은 산을 오늘도 넘어가노니
(유위하고 전변하는 미혹의 세계를 오늘도 초극하면서)

헛된 꿈꾸지 않으리, 취하지도 않을 테요.

---

1) 이로아 노래 (いろは歌)는 모든 가나의 문자에서 'ん'을 제외한 모든 문자(일부 들어가는 경우가 있다)를 한 번 씩만 사용하여 만든 노래이다. 문자 학습용으로도 많이 사용된다. 과거에는 이 노래의 순서대로 가나의 순서를 매기기까지 했었다. 이런 순서를 이로아 순서라고 하는데 중세부터 근세에 이르기까지 사전 등에 널리 이용되었다. 이로아 노래처럼 모든 문자를 이용해서 만든 문장을 팬그램이라 부른다.(위키백과)

(헛된 꿈도 꾸지 않고 취하지 않으리.)

가 되지만 여기서 말하는 유위란 지어진 것, 변화하는 것으로 생사윤회의 세계를 의미한다. 이 '이로와의 노래'는 『열반경』에 있는

모든 것은 무상이다.

(諸行無常)

이것은 생멸하는 존재이다.

(是生滅法)

생멸하고 생멸한 것조차 소멸한

(生滅滅已)

이 적멸을 즐거움이라 한다.

(寂滅爲樂)

라는 시를 옮긴 것이다. 그 '이로와의 노래'의 의미는 성(盛)한 것은 반드시 쇠(衰)한다는, 무상의 세계에 있으면서 생멸(生死)인 유위의 세계를 초극함으로써 더 이상 미혹되지 않고 무명이나 갈애에 취하여 어리석지도 않는다는 것이다. 요컨대 그것이 바로 적멸즉 열반을 의미한다. 이 적멸의 세계는 유위법에 대한 무위법의 세계이다.

법의 의미를 다르마라고 하면 아비다르마는 그 유위법의 각각에 대해서 또한 무위법의 열반으로 향해서 규명하고 도달하는 것을 지향하는 것으로도 되는 것이다. 그런데 이들 교의를 기술한

논서도 아비다르마로 불린다. 잘 알려진 말 중에 삼장법사(三藏法師)라는 말이 있지만, 이 삼장이란 경장(經藏)·율장(律藏)·논장(論藏)(장이란 문헌 군을 의미한다)이다. 그 논장이란 아비다르마장(abhidharma-piṭaka, 對法藏)이다. 이 아비다르마장은 석존이 설한 것이 아니라 석존의 설법의 골자를 뒤에 제자들이 정리한 것이지만 삼장 모두가 불설이라고 간주된다. 그 외의 경전의 주석이나 기타의 불전은 논이라는 범주에 넣어야 할 것이지만 불설이라고 인정되는 것은 아니다.

아비다르마장으로서는 상좌부의 팔리어에 의한 것으로서 칠론(七論), 한역에서 설일체유부의 논서로서는 똑같이 칠론이 있을 뿐이다. 한역 문헌으로서 아비다르마 관계의 논서는 설일체유부의 칠론은 갖추어져 있지만 그 외의 부파의 논서는 너무나 적다. 인도불교의 후기 문헌에도 항상 설일체유부의 사고방식이 언급되어 있기 때문에 부파불교의 대표는 설일체유부라 간주해도 좋을 것이다.

바수반두(Vasubandhu, 世親)와 『구사론』

부파불교의 초기에는 아비다르마장의 작성, 그리고 그들의 더욱 상세한 주석서나 광범위한 논의를 정리한 서물의 작성, 이윽고 체계적이며 간결한 교의의 강요서 작성과 같은 코스를 따라가는 것이 된다. 그 가운데 설일체유부의 강요서로서 가장 유명한 것은 『구사론(아비다르마코샤)』이다. 일본의 남도육종(南都六宗) 가운데 구사종(俱舍宗)이 있지만 그것은 이 서물을 연구하는 학파이다. 유식의 법상종(法相宗, 유식은 대승의 아비다르마불교라고 말해도 좋다)과 관계가 깊다. 유식 법상종의 스님들은 '유식3년, 구사8년'[『구사론』을 8년가량 배우면 유식은 3년에 수료할 수 있다는 뜻]이라는 말을 잘 속삭인다. 『구사론』은 그만큼 요령을 얻은 구성 속에서도 헤아리기 어려울 정도로 풍부한 논의로 가득 찬 서물이다.

『구사론』의 작자는 바수반두(世親, 天親이라고도 번역된다. 400~480년)이다. 바수반두는 처음에는 설일체유부에서 출가하여 부파의 교학을 배우지만 점차 설일체유부의 교학에 의문을 가지며 경량부의 교학으로 눈을 돌렸던 것 같다. 그 뒤 은밀하게 이름을 속여 설일체유부의 본 고장이었던 카슈미르에 들어가 4년간 유부의 교학을 배우고 또한 자주 경량부의 입장에 의거하여 유부를 논파했다.

그렇기 때문에 어려움이 바수반두에게 미칠지도 모른다는 카슈미르의 논사 스칸디라(Skandhira, 悟入으로 한역되는 논사로서 중현의 스승이라 알려진다)의 조언으로 고향에 돌아가서, 거기서 그때까지 수학한 불교학에서 무시할 수 없는 설일체유부의 주된 철학서 『대비바사론(大毘婆沙論)』을 제자들에게 강의했다. 매일 그날의 강의를 하나의 게송(하나의 시)으로 정리하여 결국 600송이 되었다. 이것이 『구사론송(俱舍論頌)』(『구사론』의 시 부분)이다. 요컨대 『구사론송』은 설일체유부의 요의를 정리한 것이다.

바수반두가 카슈미르에서 이것을 제출하게 되면, 설일체유부의 학도들은 자신들의 교의를 간결하게 설명한 것이라고 기뻐하였겠지만, 저 스칸디라는 미심쩍은 생각이 들어 더욱 상세한 해설이 필요하다고 바수반두에게 요구하였다. 거기서 바수반두는 그 600개의 게송에 주석을 가하였다. 이렇게 해서 완성된 것이 『구사론』이다.

실은 구사론의 해석 부분에서는 경량부의 입장에서 설일체유부의 교의를 논파하는 부분이 많이 있다. 거기에서 바수반두는 자신의 본령을 발휘한 것이다. 그런데 스칸디라의 제자인 상가바드라(Saṃgabhadra, 衆賢)는 설일체유부의 정당성을 고수하는 『구사박론(俱舍雹論)』을 저술하여 바수반두에게 논쟁할 것을 요구했다. 그러나 바수반두는 이미 노령이었기 때문인지도 모르지만 그 논쟁은 성사되지 않았다. 또한 『구사박론』을 평가하여 그 이름을 『순정리론(順正理論)』이라고 고치게 한 것은 바수반두 자신이라는 설도 전해진다. 바수반두는 그와 같이 부파불교의 교의에 상세하였지만 그 뒤 형 아상가(무착)의 충고를 받아들여 대승으로 전향하고 유식관계의 저작을 남겼다.

이상은 전기에 의거한 것으로 과연 어디까지가 사실인지는 의문이다. 다만 말할 수 있는 것은 『구사론』이 설일체유부의 교의에 대한 비판을 내포하고 있음에도 불구하고, 설일체유부의 교의를 요령 있게 잘 정리한 것도 사실이다. 이 논서는 그 뒤 인도 사상계에 명저로 고양되어 '총명론(總明論)'이라 불리며 불교 외의 여러 학파의 사상가들에 의해서도 상당히 연구되었던 것이다. 이하, 『구사론』에 의거하면서 설일체유부의 교의의 일단을 소개하고 아비다르마의 세계를 살펴보기로 하자.

2. 오위칠십오법(五位七十五法)의 세계분석

세계를 구성하는 '오위칠십오법'

설일체유부에서는 다양한 형태로 존재를 규명하고 있다. '존재하는 것은 무엇인가'를 탐구해 들어가면 결국 곤란한 문제가 발생한다. 우리들은 일상에서 다양한 사물의 존재를 의심하지 않지만 다시 한 번 반성해 보면 얼마나 그것들이 근거가 없는 것인가가 분명해질 것이다.

가령 숲이나 군대는 있다고 말할 수 있을 것이다. 그러나 이 경우 참으로 존재하는 것은 나무들이나 군인들뿐이다. 그렇다면 나무나 군인 등은 참으로 존재하는 것일까? 나무라고 해도 군인이라고 해도 무엇인가의 요소로 가득 차 있는 것에 지나지 않는지도 모른다. 꽃병은 흙의 미립자의 집합에 지나지 않는 것이다.

그러한 요소의 화합으로서 존재는 결코 그 자체로서 하나의 실체로 존재하는 것이 아니기 때문에 임시로 존재한다고 말할 수 있는 가유(假有)인 존재일 수밖에 없다. 참으로 존재하는 것은 아니었던 것이다. 이것에 대해서 가유인 존재들을 구성하고 있는 궁극적인 요소에 해당하는 것이 있다면 그것은 사실적으로 존재하는 것, 즉 실유(實有)라 불릴 것이다. 물리적으로 분할하거나 지적으로 분석해도 더 이상 분할불가능하거나 분석 불가능한 것이야말로 실유(實有)이다. 한편 그들의 집합체는 하나의 존재로서 존재하는 것은 아니기 때문에 가유일 수밖에 없다.

이들 실유와 가유를 승의유(勝義有)와 세속유(世俗有)라고 부르기도 한다. 세속이란 구체적으로는 언어 습관을 의미한다. 본래 집합체로서밖에 존재하지 않는 숲이나 나무조차도 언어를 매개로 하여 하나의 존재로 인식되기 때문이다. 우리들은 일상에서 대개 언어를 매개로 하여 인식하며 역으로 인식이 언어에 의거하는 이상 거의 가유의 존재밖에 인식하지 않는 것이 실상일 것이다.

그러한 일상적인 인식을 반성했을 때 결국 세계의 구성요소가 될 수 있는 것은 무엇인가가 문제이다. 그것도 반드시 물질계뿐만 아니라 심리현상도 포함하여 고찰의 대상이 된다. 그중에서도 각 부파는 '자상을 유지하는 것'은 도대체 무엇인가라고 세계를 구성하는 법을 분석했던 것이다.

설일체유부는 그 법에 75법을 헤아렸다. 그것은 색법·심법(심왕)·심소법(심소)·심불상응법·무위법의 다섯의 범주로 나누기 때문에 '오위칠십오법'이라고 한다.

색법과 심법

'오위칠십오법' 가운데 색법이란 물질적 현상과 관련이 있는 것으로 여기에 오감(五感)의 대상으로서의 색·성·향·미·촉(五境), 오감의 기관인 안·이·비·설·신(五根)이 있고, 나아가 무표색(無表色)이라는 특별한 것이 있다. 무표색은 강렬한 선이나 악의 행위를 행했을 때 그 행위가 그 사람의 그 뒤의 인생에 강한 영향력을 미치며, 그 영향력의 토대가 되는 것을 말하지만, 그것을 특별한 색법으로 보는 것이다. 가령 계율을 받게 되면 그 사람에게 일생 동안 악을 행하지 않게 하는 힘이 갖추어지는데, 그 규제력의 토대가 되는 것을 무표색이라 한다.

다음으로 심법(심왕)은 이른바 마음의 중심이 되는 것이다. 설일체유부도 유식도 심이라는 것을 결코 하나의 존재로 보지 않는다. 우리들은 하나의 마음이 있고 그것이 각종으로 작용한다고 믿어버리지만 그들은 그렇게 보지 않고 다양한 심리현상은 다채로운 심리적 요소가 그때마다 조합되어 변하면서 생기하고 있을 뿐이라고 말한다. 그 다채로운 심리적 요소를 심소법(심소, 심왕이 소유하는 법)이라 하며 그 중심이 되는 것이 심왕이다. 심왕은 대상의 전체상을 인식하고 심소는 그 개별상을 개별적으로 인식한다고 한다.

심왕과 심소는 동시에 함께 발생(심왕 없이 심소만이 일어날 수 없다)한다. 이것을 '상응(相應)'한다고 한다. 그것은 시간을 같이하고 기관(根)을 같이하며, 대상(所緣)을 같이하고 대상의 상(行相)을 같이한다. 그리고 하나의 심왕에 대해서 각각의 심소는 각각 하나만 상응한다.

그런데 설일체유부는 심왕을 하나밖에 헤아리지 않기 때문에 그것이 안근에 의거해서 일어날(작용할) 때는 안식, 이근에 의거해서 일어날 때는 이식, 의근에 의거해서 일어날 때는 의식이 된다고 생각할 것이다. 그러나 우리들은 TV를 보면서 동시에 그 소리를 듣고 또한 이런저런 생각도 한다. 그것은 어떻게 해서 가능한 것일까? 그것은 안식·이식 등이나 의식이 너무나 빨리 교체되면서

오위칠십오법

(각 법의 내용은 제5장 252-253쪽의 유식의 오위백법에 준함)

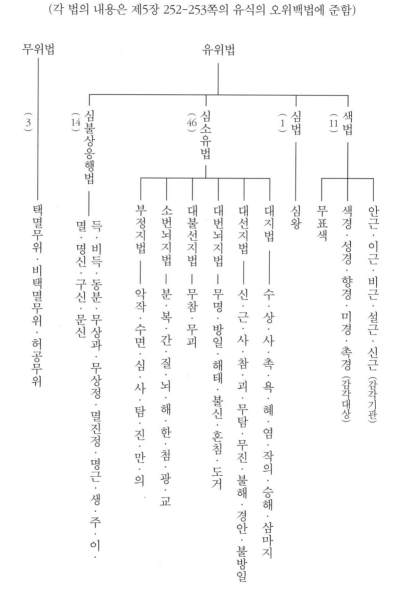

일어나는 것을 우리들은 동시라고 느끼는 것이라고 설명되는 것이다.

'심소(心所)'를 상세하게 분석하는 법의 체계

이미 법으로서 오경이나 오근 나아가 심왕·심소가 있다는 것을 살펴보았다. 불교에서는 옛날부터 세계를 색·성·향·미·촉·법·안·이·비·설·신·의·안식·이식·비식·설식·신식·의식의 18계(육근·육경·육식. 요컨대 여섯의 기관·여섯의 대상·여섯의 주관)로 설명한 적도 있었다.

이것에 대해서 75법에서는 특히 심소라는 다채로운 요소가 보다 상세하게 분석되고 있다. 심소는 크게 분석하면 어떠한 경우에도 심왕과 함께 반드시 상응하여 일어나는 것(大地法), 선한 마음에는 반드시 상응하여 일어나는 것(大善地法), 불선한 마음 등에 상응하여 일어나는 것(大煩惱地法·大不善地法·小煩惱地法), 그 외 부정지법(不定地法)으로 구성된다. 그중에서도 번뇌에 관한 분석이 가장 상세하다.

나아가 심불상응행법이 있다. 이것은 물(색)에도 심에도 없지만 유위(현상)인 것과 같은 법이다. 그다지 우리들에게 친숙하지 않은 것이 들어가 있지만, 가령 동분(同分)이란 생물의 씨앗과 같은 것이다. 또한 명근(命根)은 수명과 같은 의미이다.

나아가 여기에 있는 명신(名身)·구신(句身)·문신(文身)은 불교의 언어관의 일단을 보여주는 것으로서 주의해야만 한다. 불교에서는 언어를 이름[名前, 단어]·문장(구)·음소(文身의 文은 알파벳을 의미한다)의 삼자에 의해서 분석한다. 그리고 설일체유부는 이들 모두를 법으로서 실재한다고 본다. '소나무는 푸르다.'와 같은 문장(주술관계) 자체가 선험적으로 존재하고 있는 것이라는 설이 되는 것이다.

나아가 무위법으로서 택멸(擇滅)·비택멸(非擇滅)·허공(虛空)이라는 세 개의 법을 들 수 있다. 중요한 것은 택멸무위(擇滅無爲)이며, 이것은 열반을 의미하는 것이다.

현대사상에도 통하는 아비다르마의 세계관

이상은 극히 간단한 75법의 개요이다. 각각의 법의 내용에 관해서는 유식의 오위백법과 그다지 다르지 않는 것으로 위의 설명에 맡겨두고자 한다(제5장 252-253쪽).

여기에 있는 세계관은 다양한 구성요소의 조합의 변화 이외에 현상세계는 없다는 사고방식이다. 그 의미에서 다원주의이며 이것을 다르마 다원론이라고 부를 수 있을 것이다. 보통 우리들은 자기가 있고, 자기 밖에 사물로 구성되어 있는 세계가 있고, 그것을 그대로 인식하고 있다고 생각한다. 자기는 태어나서부터 지금에 이르기까지 변함없는 존재이며 그것은 미래에도 이어져 온다고 생각한다. 거기서 상·일·주·재(常·一·主·宰)의 자아를 인정하고 있는 것이다.

그러나 가령 자연과학의 입장에 선다면 인간은 원자와 분자 등의 집합에 지나지 않는다는 것으로 되어, 상주하는 자아 등은 인정되지 않는 것으로 될 것이다. 5위75법의 아비다르마에서도 마음조차 각각 다른 복수의 마음의 묶음에 지나지 않고 따라서 상·일·주·재하는 자아는 해체되지 않을 수 없는 것이 된다.

만약 본래 존재하지 않는 것을 잘못 존재한다고 간주하고 게다가 그것에 집착한다고 한다면, 요컨대 전혀 존재하지도 않는 것에 붙들고 늘어진다면, 이것만큼 슬픈 일은 없을 것이다. 오위칠십오법의 아비다르마는 그와 같이 자아가 공임을 설명하는 이론이 되고 있다. 석존이 초전법륜에서 설했다고 하는 『무아상경』의 오온무아설이 더욱 상세하게 분석되고 있는 것이다.

그것뿐만 아니라 실로 '물(物)'이라는 것도 여기서는 해체되지 않을 수 없다. 가령 '사과'라는 것을 우리들은 그러한 하나의 개체가 있다고 생각하고 그것이 둥근 모양이나 붉은 색깔 그리고 단맛을 가지고 있다고 생각한다. 마치 반성할 때는 원자나 분자의 집합으로서의 사과는 그와 같은 성질을 가지고 있다고 생각될 것이다.

그러나 앞에서 기술한 법의 체계에서는 있는 것은 색·향·촉 등뿐이다. 그러한 오감의 대상이 개별적으로 우선 존재하는 것이다. 사과라는 것은 그들 앞에 존재하는 별개의 감각 등을 뒤에 하나로 종합한 것에 지나지 않는다.

거기에 개재되어 있는 것이 언어이다. 우리들이 직접 얻을 수 있는 것은 개개의 감각의 그때그때의 편린(片鱗)들뿐이지만, 그 흐름을 뒤에서 언어에 의해서 존재가 있다고 생각하는 것이다. 그 의미에서 '존재'는 역시 환상의 산물일 수밖에 없다. 실제 우리들의 인식에서 가장 직접적인 것을 생각할 수 있다고 한다면 아비다르마의 분석과 같이 되지 않을 수 없을 것이다.

이와 같은 사고방식은 우리들 현대인에게는 그다지 친숙하지 않은 것인지도 모른다. 그러나 결코 그다지 특수하다고도 할 수 없다. 가령 서양에도 아인슈타인에게 커다란 영향을 미쳤던 철학자 에른스트 마흐(1838~1916)는 역시 우리들의 일상의 경험에 관해서 직접적으로는 색·형·음·향(色·形·音·香) 등의 감각요소의 복합상을 얻는 것뿐이라고 하였다. 물체가 감각을 산출하는 것이 아니라 복잡하기 그지없는 연관 가운데 현성하는 일정의 요소복합체(감각복합체)가 물체를 모양 지우는 것이며, 존재란 그 여러 요소들의 복합체에 대한 사상상(思想上)의 '기호'에 지나지 않는다고 설하는 것이다. '색·음·열·압력·공간·시간 등은 다종 다기한 방식으로 결합해 있다. … 이 모직물에서 상대적으로 고정적이며 항상적인 것이 드러 나오고, 기억에 새겨져 언어로 표현된다.' (히로마쯔 와타루, 『사건의 세계관으로의 전초』, 케이소쇼보)라고 마흐는 말한다.

마흐는 자아나 물체보다도 근원적인 것으로서 여러 감각 요소가 있을 뿐이라고 했다. 그것은 서양 근대의 과학사상을 주도한 주체가 세계의 외부에 있고 세계를 대상으로 하여 분할 지배한다는 입장에 대해 근본적인 비판을 가한 것이었다. 주객 이원의 분열 이전의 사건을 중핵으로 세계를 보고 있는 사고방식에 단서를 부여한 것이었다. 아비다르마철학은 그러한 사상을 이미 선취하고 있었던 것이다. 그 의미에서 아비다르마의 체계는 결코 고대의 무

의미한 번쇄철학일 뿐이라고는 말할 수 없다. 오히려 주객 이원론의 초극을 지향하는 현대사상에 있어서 다시 되돌아 보아야 할 내용을 갖춘 풍부한 사상의 텃밭인 것이다.

3. 연기 · 윤회 · 업(緣起 · 輪廻 · 業)

세계를 '연기'에 의해서 본다

이렇게 해서 설일체유부의 세계관에서는 자아나 사물로서의 존재는 부정된다. 다만 개개의 법(자상을 유지하는 것)만이 있는 것이다. 그것을 아공법유(我空法有)의 입장이라 한다. 그것이 대승에 이르면 법조차도 공이라고 간주되고 아법구공(我法俱空, 人法二空)이 주장되어 일체법의 무자성(無自性)이 설해진다. 그리고 깨달은 뒤 현실 세계로 돌아와서 종횡으로 작동할 수 있다고 말하지만, 그것에 관해서는 또한 뒤에 기술하고자 한다.

그런데 세계는 다양한 법의 집합(集合) · 이산(離散)에 의해서 설명된다고 한다. 그렇다면 그 집합 · 이산은 무엇에 의해서 일어난 것인가가 문제가 될 것이다. 그것에 관해서 불교는 '연기'를 말하는 것이다.

연기라는 것은 단순한 인과율과 달리 인(因, 직접적 원인)→과(果, 결과), 그리고 그것에다 연(緣, 간접적 조건)도 가미하여 보고 있는 것이다. 일반적으로 말해지는 것이지만 식물의 종자가 발아하여 꽃을 피우고 열매를 맺는 과정에서 종자가 원인, 꽃이나 열매가 결과라고 해도 거기에 흙이나 물 그리고 햇빛 등의 다양한 조건(緣)이 없다면 이것은 실현되지 않는다. 가령 인이 있다고 해도 연이 없다면 과가 생기지 않는다는 것이 '연기'의 사상이다.

이와 같이 연기에서 세계를 보고 있는 것은, 가령 초월적이며 게다가 생각 그대로 인간세계에 개입하려는 존재를 인정하지 않는다는 것이다. 한편 모든 것이 단순히 우연히 일어난다고 하는 것도 아니다. 인과의 필연성이 없는 것도 아니기 때문이다. 나아가 모두 원래 운명으로 정해진 것도 아니다. 개개인의 의지에 근거한 행위가 다양한 인연을 형성하며, 다양한 결과를 초래하기 때문이다. 각각의 개인의 의지에 근거하여 세계의 존재방식을 새롭게 형성해 가는 것이다.

이와 같이 연기설은 다른 세계관에 대항하는 불교만의 독특한 입장이다. 일반적으로는 석존은 '십이연기'를 깨달았다고 말해지지만 그 십이연기는 개인의 생사윤회의 존재방식을 제시하고 시간적인 인과관계를 설한 것이었다. 그러한 연기의 해석이 전개되어, 설일체유부에서는 육인·사연·오과(六因·四緣·五果)의 관계를 설했다. 복잡한 아비다르마의 사상이 점점 더 복잡하게 되어가지만 그 분석을 아래에서 대강 살펴보고자 한다.

육인 · 사연 · 오과(六因 · 四緣 · 五果)

인에는 여섯이 있다. 그 가운데 우선 첫째 능작인(能作因)이란 어떤 것이 생길 때 다른 일체의 존재가 그것에 대해서 아래의 다섯 원인 이외의 형태로 어떠한 관여도 하지 않는다든지 적어도 그 생기를 방해하지 않는 것을 말한다. 실은 이것에는 조건[緣]에 해당되는 것도 포함된다.

둘째 구유인(俱有因)이란 결과와 동시(俱)에 존재하는 원인이며 따라서 공간적인 인과관계 속의 원인이다. 부산 광안대교 브릿지를 강철의 밧줄로 매달 때, 밧줄은 다리의 구유인이 될 것이다.

셋째 동류인(同類因)이란 동류의 법이 전후 상속하여 현상할 때 앞의 법이 동류의 뒤의 법을 이끌어 내는 원인이 된다는 것을 말한다. 실은 설일체유부에서는 유위법의 현상을 찰나찰나 생멸하면서 흐른다고 보고 있다. 이것을 찰나멸이라고 한다. 가령 다리가 법이라고 하면 찰나찰나 다리의 법은 생기자마자 소멸한다. 다만 동류의 법이 상속하기 때문에 거기에 일정한 존재가 있다고 보여질뿐이다. 이때 전찰나의 다리의 법은 다음 찰나의 다리의 법을 불러일으킨다. 그것을 동류인이라 하는 것이다. 물론 이것은 다리라는 것으로서가 아니라 법을 단위로 행해지는 것이다.

넷째 상응인(相應因)이란 구유인 가운데 하나라고 말할 수 있지만 특히 심왕과 심소가 상응하여 동시에 한꺼번에 일어날 때 양자는 서로 원인이 된다고 보고 이것을 상응인이라 한다.

다섯째 변행인(遍行因)이란 악견(惡見, 악한 견해)인 의심이나 무명 등의 근본적인 번뇌가 두루 일체의 번뇌를 일으키는 원인이 되는 것을 말한다.

여섯째 이숙인(異熟因)이란 업이 미래세에 어딘가의 세계에서 탄생을 초래하는, 그 탄생의 결과에 대한 원인으로서 업을 의미하는 것이다. 업이란 행위와 그 행위가 미치는 영향력을 말한다. 선한 행위를 많이 하면 뒤에 즐거움이 많은 세계에 태어나고, 악한 행위를 많이 하면 뒤에 괴로움이 많은 세계에 태어난다. 그 즐거움으로서의 결과, 괴로움으로서의 결과는 이미 선과 악의 관점에서 보면 선도 악도 아니기 때문에 무기(無記)라고 말해지는 것이다. 따라서 '인시선악(因是善惡, 원인은 선악이지만), 과시무기(果是無記, 결과는 선도 악도 아닌 무기이다)'라는 것이 된다. 선악의 성질에 관하여 원인과 다르게 결과가 성숙하기 때문에 이숙이라 한다.

다음으로 연(緣, 간접적 조건)은 네 개로 정리된다. 그 가운데 첫째 인연(因緣)은 연이라고 해도 요컨대 앞의 인[육인]의 의미이다. 다만 능작인 가운데 연에 해당하는 것은 제외된다. 둘째 등무간연(等無間緣)은 특히 심법의 상속에서 이전 찰나의 마음이 소멸하면 그것이 다음 찰나의 마음이 생기는 길을 여는 것이 된다는 것으로 그 이전 찰나의 마음을 특별히 등무간연이라 한다. 소멸하는 것에서 다음의 존재가 생성되는 보조가 되는 것이다. 셋째 소연연(所緣緣)은 심법을 위해서 대상으로 되어 그 심법을 일으키게 하는 것이다. 그렇기 때문에 소연연은 대상으로서의 연이라는 의미이다. 넷째 증상연(增上緣)이란 하여튼 무엇인가 간접적으로 존재하는 그 존재의 생기를 도와준다든지 나아가 그것의 생기를 방해하지 않는다는 존재방식과 관련되는 것을 말한다. 그렇다면 무릇 일체의 존재가 여기에 들어오는 것이다. 이전의 능작인 가운데 연과 중첩되는 것이다.

이와 같이 인이라고 해도 그 속에 연이 있고 연이라고 해도 그 속에 인이 있다. 그리고 연기는 아비다르마불교에서 반드시 시간적인 것뿐만 아니라 공간적인 것도 포함하여 대단히 다각적으로 규명되었던 것이다.

그런데 과에는 다섯이 있다. 그 가운데 첫째 증상과(增上果)란 능작인에 의해서 이끌어진 결과를 말한다. 어떤 현상이 성립했을 때 그것을 능작인에 대해서 증상과라고 하는 것이다. 둘째 사용과(士用果)란 구유인과 상응인에 대해서 그 결과를 말한다. 인과관계가 동시에 성립하고 있는 경우의 그 인에 대한 과이다. 셋째 등류과(等流果)란 동류인 및 변행인의 과이다. 요컨대 동등한 다르마에서 일어난 결과이다. 넷째 이숙과(異熟果)란 이숙인(異熟因)의 과, 요컨대 업의 결과 인간이라면 인간, 축생이라면 축생으로서 살아왔던 것을 말한다. 생사윤회는 또한 육도윤회이기도 하다. 그런데 다섯째 이계과(離繫果)란 수행이 완성되고 번뇌의 계박을 떠난 곳에서 현현하는 열반을 의미한다. 사제(四諦)의 관점에서 말하면 멸제(滅諦)이다. 그렇다면 이 원인은 무엇일까? 실은 이계과 즉 열반 그 자체는 그 원인을 가지지 않는다. 열반은 무위법이다. 따라서 인과와 관련이 없는 것이다. 다만 번뇌가 지멸하면 거기서 현성하는 것이다. 왜냐하면 이 이계과는 원인이 없는 결과이기 때문이다.

이렇게 말하면 열반은 처음부터 어딘가에 존재해 있고 수행하여 우리들은 거기에 도달한다는 식으로 생각될지도 모른다. 어떤 국면에서는 그러한 설명 방식이 되는 것도 멈출 수 없을 것이다. 그러나 사실은 무위법이 무위법으로서 실현된다는 것은 우리들의

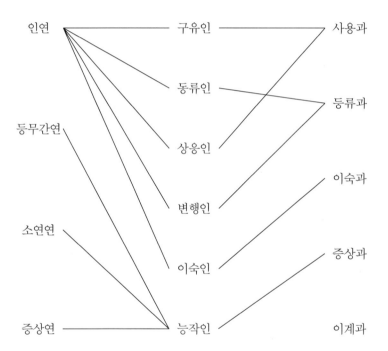

사연	육인	오과
인연	구유인	사용과
	동류인	등류과
등무간연	상응인	
	변행인	이숙과
소연연	이숙인	증상과
증상연	능작인	이계과

마음의 존재방식이 유위의 존재방식 즉 시간과 공간의 구조에서 분별을 떠난 곳일 것이다. 선정을 심화시켜 번뇌의 격류를 건너서 참으로 이 세계와 저 세계를 떠난 곳에 열반은 실현된다. 그곳은 오히려 불생(不生)·불사(不死)의 세계이다. 그중에서만 이계과(離繫果)는 있는 것이며 우리들이 그것을 원래부터 존재했는가의 여부를 생각해도 상당히 먼 이야기일 것이다.

하여튼 연기의 세계란 설일체유부의 아비다르마에서는 육인-사연-오과의 교향악의 세계이다. 이 인·연·과(因·緣·果)의 논리에 의해서 신이나 제일원인을 인정하지 않고, 단순한 우연론도 인정되지 않는, 독자의 세계관이 제시되었던 것이다. 거기서 아비다르마의 번쇄한 체계가 확립되었다. 그리고 중요한 것은 유위의 세계로서 표현된 연기를 초월하여, 이계과라고 하는 그 자신의 원인을 가지지 않는 세계가 실현되는 것이다.

『구사론』이 설한 윤회

이상과 같이 설일체유부에 의하면 세계는 그 기본적 단위로서 물질적인 또는 심리적인 다양한 법이 분석되고 그들 연기에서 집합·이산에 의해서 설명되었던 것이다. 요약하면 그러한 것이다. 그런데 무명이 있기 때문에 우리들은 자아라는 상주·단일·주재자의 존재를 상대로 인정하고 그것에 집착한다. 또한 존재를 인정하고 오로지 존재를 욕망하고 존재에 구속된다. 그렇게 해서 많은 말할 수 없는 고통을 일으킬 뿐만 아니라 어두운 길에서 어두운 길로 생사윤회하고 있다고 할 수 있다. 이 생사윤회는 이미 기술한 바와 같이 우리들의 무명에 근거한 행위 자신에 의해 초래된 것이었다.

미혹의 세계는 지옥·아귀·축생·수라·인간·하늘 등 육도가 있지만 그것은 또한 욕계·색계·무색계라는 삼계 속의 세계이다. 욕계 속에 지옥에서 인간계까지 존재하며 나아가 하늘도 일부(六欲天) 존재한다. 색계와 무색계는 천계이며 거기에는 몇 층의 단계도 있다. 덧붙여서 색계의 최고위의 하늘을 유정천(有頂天)이라 한다(무색계의 최고위를 말한다는 설도 있다).

여기에는 감각세계에서 비감각세계에로 계층을 구성하는 불교 특유의 코스몰로지가 있지만 하여튼 우리들의 행위에 의해서 장차 태어날 세계가 결정되어 가는 것이다. 그렇기 때문에 이것은 운명론은 아니며 더더욱 니힐리즘도 아니다. 불교의 개조인 석존은 다른 학파로부터 행위론자(karmavadin)라고 불리었지만 업의 사상은 이것 또한 불교의 특징을 대표하는 중요한 사상이었다.

그런데 업에 의해서 윤회하는 이상 거기에는 무엇인가 어떤 것이 그 동일성을 보존하면서 태어나서는 죽음으로 태어나서는 죽음으로 생사를 반복하게 된다. 가령 설일체유부는 이 윤회라는 것을 사유(四有)라는 관점에서 설명한다. 모태에 수생한 순간(그 찰나)을 생유(生有)라 하고 이후의 한 평생의 기간을 본유(本有)라 한다. 죽음의 순간(그와 같이 죽음을 한 찰나에서 파악한다)을 사유(死有)라 하고 그 뒤 중유(中有)로 들어간다. 중음(中陰)이라고도 말해지는 것도 같은 것이다. 중유에는 최장 49일간 머물며 또한 업에 의해 어딘가로 태어난다(그렇기 때문에 사후 49일째 중음의 법사를 행하기도 한다).

이와 같이 생유 → 본유 → 사유 → 중유 → 생유 → … 라는 원환운동을 하는 것이 윤회이다. 본유에서 사유로 요컨대 임종을 맞이하는 즈음에 때로 신체 속의 관절과 같은 것이 끊어지는 고통을 맛본다고 한다. 그것을 산스크리트어로 마르만(marman)이라 하고 그 고통을 단말마(斷末魔)의 고통[사람의 마음을 해친 사람은 임종 때 단말마의 고통을 받게 된다]이라고 한다. 말마(末摩)는 마르만의 음사이며 결코 단말시(斷末時)에 악마가 습격한다는 의미는 아니다.

사유에서 중유로 가는 것은 확실히 빛과 만나는 것이라고도 한다. 최근 임상체험의 조사가 행해져 많은 사람들이 자비로 충만한 빛을 만난다고 말하지만 그것과 부합하는 것도 『구사론』에 설해져 있다.

그러나 불교가 설하는 바에서 본다면 큐브라 로스(Küble Ross, 의사이자 임상체험 연구자)가 말하는 것처럼 '죽음은 눈썹 속의 번데기에서 나비가 되어 하늘로 날아가는 것'이라고 한다면 너무나도 낙관적인 것이 된다. 왜냐하면 최장 49일이라는 시간이 지나면 과거의 업에 의해서 또한 어딘가로, 경우에 따라서는 보다 고통이 더 많은 세계로 태어나지 않으면 안 되기 때문이다.

중유에서는 우리들의 육안으로는 볼 수 없는 미세한 신체를 갖는다고 한다. 그것은 물체의 고체성을 장애하지도 않고 생각한 곳으로 재빠르게 가는 것이라고 한다. 형상은 다음에 태어나게 될

불교가 생각하는 우주상

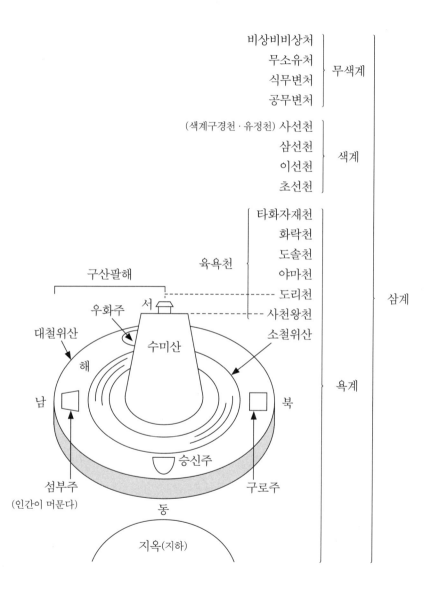

세계에 머무는 존재의 모습을 선취한 것이다.

이 중유에서 육도(육취)의 상위의 경계에 존재하는 것은, 하위의 존재의 신체를 (가령 인간은 아귀를, 천상은 인간을) 볼 수가 있다고 하고, 지상의 인간도 신통력을 갖추면 그것들을 볼 수 있다고 한다. 그렇게 해서 다음 생을 받게 될 업의 인연이 성숙하면 중유를 벗어나서 다음의 생유(수생)에 이르지만 태어날 때에는 과거의 기억이 사라지는 것이다.

'업'에 의해서 정해진 윤회

이와 같이 『구사론』은 사후의 세계가 있다는 것도 설하고 있다. 그렇다면 역시 무엇인가 동일성을 갖는 것이 이어진다고 생각해 버릴 것이다. 그러나 불교는 어디까지나 상·일·주·재의 자아는 인정하지 않는다. 그러나 무엇인가가 이어지고 있는 것이 없다면 생사윤회라고도 말하기 어려울 것이다.

업에 근거한 윤회는 오로지 자업자득(自業自得, 스스로 행위 한 그 결과를 스스로 받는다)이 아니면 안 된다. 그렇지 않다면 스스로 수행하지 않아도 타인이 수행함으로써 자신이 해탈해 버린다든지, 자기가 범한 죄의 결과를 타인이 대신 지게 되어 버리는 것으로 되지만 그것은 이치에 맞지 않다. 역시 스스로 행한 행위의 결과는 스스로 받는 것이 아니면 안 된다. 그것이 가능하기 위해서는 역시 자기에서 자기로의 연속성을 보존하는 무엇인가의 존재가 필요하지는 않은가라고 생각할 수 있을 것이다.

그러나 설일체유부는 이 업에 의한 윤회를 설명하는 데 시간적으로 자기 동일적인 존재를 전혀 인정하지 않는다. 업이 지어지면 그 업의 힘이 개체로서의 '일정한 다르마의 조합'을 일정 기간 유지해 갈 뿐이라고 한다. 그것이 한 사람의 인간으로서의 생에 다름 아니라고 한다. 철저하게 무아인 것이다.

개체에 상당하는 것은 보통 오온(색·수·상·행·식)으로 표현되지만 그중의 행온에 수·상을 제외한 심소나 심불상응행이 포함되는 것이다. 따라서 오온이란 75법(다만 무위법은 제외한 72법)이라고도 말해진다.

이 세간의 오온의 집합 기간이 끝나면 중유의 오온이 출현하고 그것도 다하면 새로운 오온이 출현하는 것이다. 모든 것은 업이 지은 그 힘이 일정한 다르마의 집합체로서의 개체성을 존속시켜 갈 뿐이다. 이러한 연기관을 업감연기(業感緣起)라 한다.

또한 업(행위)은 신·구·의(身·口·意)의 세 방면에서 분석된다. 신체적 행위·언어적 행위·정신적 행위의 셋이다. 물론 정신적 행위라고도 할 수 있는 의지가 다른 두 개의 업의 근거가 된다. 우선 의지가 작동하고 그 위에 무엇인가를 말한다든지 행한다든지 하는 것이며 그 모두를 행위로 보는 것이다.

그렇기 때문에 윤회 속에서의 부침의 여부는 우선 의지가 악으로 향하는가 아니면 선으로 향하는가가 근본이다. 결코 신에 의해 좌우되는 것도 아니며 운명으로 결정되어 있는 것도 아니며 다만 자신의 의지와 그것에 근거한 행위가 자신의 존재방식을 형성해 갈 뿐이다.

결국 우리들은 불교가 설한 선을 지향하고 선을 행함으로써 생사의 고통에서 해탈할 수 있는 것이다. 그리고 그 선은 다름 아닌 무아를 철저하게 지향하는 것이다. 그렇다면 구체적으로 어떠한 것이 선인가? 지금 이것이야말로 문제의 중핵이 될 것이다. 다음으로 설일체유부의 수도론을 간단하게 살펴보자.

4. 수행과 열반

아라한에 이르는 수행의 과정

우선 수행의 과정을 기술하면 가장 초보적인 단계에서 신기청정(身器淸淨)을 닦는다고 하는 것이 있다. 그것으로부터 본격적인 수행에 들어가지만, 삼현(順解脫分)·사선근(順決擇分)의 지위가 있고 나아가 견도(見道)·수도(修道)·무학도(無學道)가 있다. 견도에서는 처음으로 번뇌를 떠난 지혜(무루지)가 생기는 것이며 그 이후를 성위(聖位)라 한다. 이것에 대해서 삼현(三賢)·사선근(四善根)은 현위(賢位)이다. 현과 성은 깨달음의 지혜의 여부라는 결정적인 차이가 있는 것이다. 무루의 지혜가 생겨도 나아가 수행을 거듭 쌓아서 무학도에 도달하면 아라한이라는 이 불교에서 최고의 지위를 성취하는 것이다. 무학도란 더 이상 배울 것이 없는 지위를 말한다.

그런데 처음의 신기청정이란 주로 소욕지족(少欲知足, 욕심을 적게 하여 만족할 줄 아는 것)을 실천하여 출리(出離, 세간에서 벗어나는 것)의 수행에서 갖추어지는 단계이다. 존재에 대한 끝없는 집착을 확대 재생산하고, 잘못된 사색에서도 떠나 있어 본격적인 수행에로의 준비단계이다. 세간에서 출세간으로, 문명에서 원시로, 지위와 역할의 체계 속에서의 한 개체로부터 모든 타자와 공존하는 개체에로의 방향을 지향하는 것이다.

삼현의 단계에 들어가면 각종의 관법을 실천해 간다. 처음 부정관(不淨觀)·자비관(慈悲觀)·연기관(緣起觀)·계분별관(界分別觀)·수식관(數息觀)의 오정심관(五停心觀)을 닦는다. 부정관에는 자타를 백골로 보는 골쇄관(骨鎖觀) 등이 포함된다. 아름답고 매끄러운 얼굴이나 몸매도 결국에는 말라비틀어지고, 남는 것은 백골뿐이라고 하는 것을 관찰하고 탐욕을 대치해 간다. 처음에는 자기의 일부에 주의를 기울이고 그것은 살이 빠지면 덧없는 백골에 지나지 않는다고 관찰한다. 이어서 이것을 몸 전체에까지 소급하여 자기는 모두 백골뿐이라고 관찰해 간다. 나아가 이것을 다른 몸에까지 소급해 가는 것이다. 너무나도 부자연스러운 수행이지만 상상력을 구사하여 이 세상의 본래의 실상을 관찰해 가는 것이다.

수식관은 호흡을 고르게 하면서 그것을 헤아리는 것에 집중하고 마음의 산란을 억제하고 무아를 관찰해 간다. 이들에 의해서 선정이 심화되어 가는 것이다. 선종에서도 먼저 수식관에서 수행을 시작한다.

다음으로는 몸과 느낌과 마음과 법에 관해서 부정(不淨)이며 고(苦)이며 무상(無常)이며 무아(無我)라고 관찰해 가는 단계로 들어간다. 우리들은 무릇 자아나 존재에 관해서 상·락·아·정(常·樂·我·淨)이라고 생각하지만 그 전도된 사고방식을 각종의 방면에서 바로잡아 가는 것이다. 이것을 사념주(四念住, 사념처라고도 한다)라 하고, 이것에 별상념주(別相念住)와 총상념주(總相念住)가 있다고 한다. 이렇게 해서 사선근의 지위로 들어간다. 그것은 견도의 무루의 지혜(선)의 뿌리가 되는 것이다.

사선근은 사제십육상(四諦十六相)이라 하여 고·집·멸·도의 사제를 각각 네 개의 방면에서 관찰해가는 것으로 그 관찰이 심화되어 번뇌를 끊어 가면 사제의 이치를 비추는 지혜가 발생하여 견도에 도달하는 것이다. 사제십육상은 복잡하기 때문에 지금 고제에 관해서만 말하면 무상(상주하지 않는 것)이며 고이며 공이며 무아라는 네 개의 측면에서 본다. 즉 우리들의 미혹한 세계의 일체법은

인연을 기다려서 생기는 것이며
순간순간 생멸하기 때문에 무상이며
신심을 핍박하는 본성을 가진 존재인 것이기 때문에 고이며
하나도 내가 소유할 수 있는 것은 없기 때문에 공이며
하나도 상·일·주·재의 뜻이 없기 때문에 무아이다.

라고 고통으로서의 현실을 관찰해 가는 것이다. 이와 같은 관찰이 심화되어 가기 때문에 번뇌가 대치될 때 지혜가 생겨 나오는 것이다. 견도는 사제의 이치를 처음으로 견조(見照)하는 지위이다. 견

조라는 것은 지적으로 관찰하는 것이 아니라 직관적으로 증득하는 것이다. 그렇기 때문에 이 지위의 사제의 관찰을 현관(現觀)이라 한다.

도대체 그 현관이며 무루지인 대상으로서의 사제의 이치란 무엇일까? 그것은 사제의 인과관계라고도 말할 수 없는 것은 아니지만, 나는 멸제(열반) 그것이 거기서 증득되는 것이라고 생각한다. 하여튼 견도는 하나의 깨달음의 지위이다. 그러나 거기서 모든 것이 해결되는 것은 아니다. 무시의 시간 이래 개체에 배어 있는 미혹(번뇌)은 간단하게는 완전히 다 끊을 수가 없다. 거기서 이후 더욱 수행을 거듭하여 최후로 아라한에 도달하는 것이다. 아라한에는 공양을 받을 만한 가치가 있는 사람(應供), 번뇌를 완전히 끊은 사람(殺賊) 등의 의미가 있다고 말해진다.

또한 성위(聖位, 견도 이후)에는 예류·일래·불환·아라한(預流·一來·不還·阿羅漢)이라는 호칭이 있다. 각각 향(向, 그것으로 향하는 단계)과 과(果, 그것이 실현된 단계)로 나눈다. 그래서 예류향(預流向)은 견도(見道), 아라한과(阿羅漢果)는 무학도(無學道), 그 사이(三向·三果)는 수도(修道)이다.

열반이란 어떠한 것인가?

그런데 수행이 완성되고 아라한이 되면 도대체 어떻게 되는 것일까? 당시 인도에서 아라한의 지위에 도달한 사람이 어떤 사람인가는 알 수 없다. 한국에는 오백아라한의 상이 잘 보이지만 실

설일체유부에서 수도의 계위

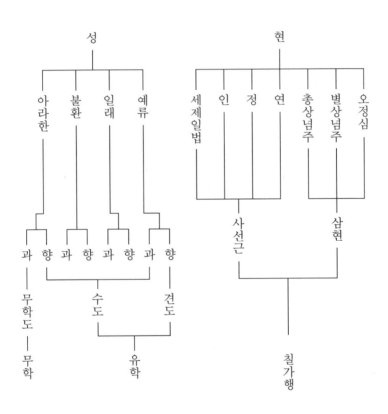

제는 아라한이라는 것은 통상의 인간에게는 역시 달성 곤란한 수행의 극치이며 어떠한 사람도 이르지는 못했을 것이다. 하여튼 아라한은 생존 중에는 업과로서의 신체를 갖춘 그대로의 열반(有餘依涅槃)에 있고 그 업과도 다했을 때는 완전한 열반(無餘依涅槃)에 들어가는 것이다.

그렇다면 열반이란 어떠한 세계일까? 무여의열반이라고 하면 아무것도 없는 경지처럼 느껴진다. 그것은 회신멸지(灰身滅智, 신체와 지혜를 회멸한다. 회는 멸하는 뜻)의 세계라고도 말해지며 무에 철저한 세계처럼 생각된다. 그러나 석존은 번뇌의 격류를 건너고 이 세상이든 저 세상이든 간에 모든 것을 떠나, 불사(不死)의 자기를 실현했던 것이다. 거기에 열반이 있다고 한다면 그것은 결코 허무가 아닌 것이다. 그 열반은 아비다르마의 체계에서는 무위법으로서 세워졌던 것이다. 유위법과 구별된 현상계와는 관련이 없는 세계라는 것이다. 그러나 그 해석이 문제이다.

만약 열반이 현상계와 격절된 정지된 세계라고 한다면, 상대에 대한 절대로서 단순한 초월적인 세계라고 한다면, 그것이 우리들에 있어서 도대체 어떠한 의미를 갖는가가 문제일 것이다. 우리들은 업에 의한 유위법의 집합으로서의 현실을 떠나서 무위법으로 돌아간다면 그것으로 좋은 것일까? 어떠한 변화도 없는 허무와 같은 세계로 들어가면 그것으로 좋은 것일까?

오늘날 기독교 신학에서도 단순한 초월적 신이 아닌, 어디까지나 신·예수·성령의 삼위일체로서의 신이 강조된다. 다만 천상에 머물 뿐만 아니라 스스로 한 사람의 아들인 예수를 보내어 현실

세계로 내려가는 신이야말로 참된 신인 것이다. 다만 어디까지나 예수[특정의 개인]로서만 강림한 것뿐이라면, 또한 참된 절대에 투철했다고는 말할 수 없을지도 모른다. 우리들 한 사람 한 사람에게 강림하는, 극악무도한 사람과도 너무나 밀접하여 나눌 수 없는 신이야말로 참된 절대자일 것이다. 삼위일체는 거기까지 전개되지 않으면 안 된다.

불교의 무위법·열반의 세계도 이 세계나 저 세계와 단순히 격절된 세계라고 한다면 무릇 우리들과 관계가 없는 세계가 되지 않을 수 없다. 석존이 밝힌 멸제의 세계, 설일체유부에서 생각되는 열반의 세계가 구체적으로 어떠한 것이었던가는 알기가 어렵다. 그러나 뒤의 대승불교는 적어도 회신멸지(灰身滅智)와 같은 열반을 지향하는 것을 비판했다. 혹은 그러한 표현 방식을 굳이 하는 과정에서 자신의 열반을 제시했다. 열반은 오히려 생사의 한복판에서 발견되어야 할 것이라고 하여, 자성열반(自性涅槃, 자기의 본래 모습이 열반 속에 있다)이나 무주처열반(無住處涅槃, 생사의 세계로 들어가 사람들을 구제하는 활동 속에 열반이 있다)을 강조하였다.

실제 멸제를 증득한 석존은 전 생애에 걸쳐 전도의 나날을 보냈던 것이다. 대승불교가 설일체유부 등의 부파불교를 소승불교라고 비판한 하나의 시점에서 그와 같은 열반관의 차이라는 것이 있는 것이다.

'일체유(一切有)'란 '현재에 존재하는 다원적 다르마'

이상 설일체유부의 교학의 대강을 살펴보았다. 너무나도 간략한 설명이었지만 이상에 의해서도 아비다르마불교가 극히 번쇄한 사상체계라는 것은 쉽게 상상될 것이다. 그것은 미궁과도 같이 일단 들어가 버리면 출구를 찾는 것이 쉽지가 않다. 다만 요점은 아트만(아)을 요소 환원주의적으로 해체시켜 세계를 다르마의 연기로 설명하고 자기와 세계의 공의 관찰에 이바지했다는 것이다.

그런데 '설일체유부'(일체유를 설한 부파, Sautrāntikavāda)라는 호칭은 무엇을 의미하는 것일까? '일체유'란 '일체의 시간에 모든 법이 존재한다.'는 것이 그 하나의 유력한 의미이다. 그것으로부터 뒤에 설일체유부의 사고방식을 '삼세실유(三世實有)·법체항유(法體恒有)'라고 표현하게 되었다. 삼세실유란 제법이 삼세에 실유이다라는 의미이다. 그렇다면 삼세실유·법체항유란 하나의 철 막대처럼 과거·미래·현재를 통해서 존재한다는 것일까?

그러나 도대체 있다고 하는 것은 어느 시간에 존재하는 것일까? 생각건대 그것은 현재에 존재할 것이다. 과거나 미래의 법이 있다고 하여 그것은 있었다든가 있을 것이라든가 하는 것은 있는 것이 아니다. 있는 것은 역시 현재의 시간이지 않으면 안 된다.

그렇다면 일체의 시간에 존재한다는 것은 오히려 현재에 과거·미래·현재의 다르마가 모두 존재한다는 것이 되지 않으면 안 될 것이다. 다만 현재에만 모든 다르마가 존재하고 있고 거기에 과거의 법이 있다든지 미래의 법이 있다든지 하는 것이 일체의 시간에 법이 존재한다는 의미이다. 그 현재가 현재-현재-현재로 이

어질 뿐이며 있다고 하는 것은 오로지 참으로 현재에서만 존재하는 것이다.

그렇다면 법에 과거의 법이나 미래의 법이 있다는 것을 결정하는 것은 무엇인가라고 하면 법이 그 작용을 발휘해 버렸든가 아니면 아직 그 작용을 발휘하지 않았든가 둘 중의 하나가 설일체유부의 바른 사고방식인 것이 된다.

어떤 법에 있어서 작용을 일으키고 있는 그 시간에 현재가 있고, 이미 작용을 일으킨 법은 과거의 법, 아직 작용을 일으키지 않은 법은 미래의 법이다. 법은 무수히 많이 존재하지만 그 무수하게 많은 법은 세간에서 3종으로 나누며, 게다가 그 모두가 현재에 존재한다. 그것들은 항상 현재에 존재한다. 그리고 찰나찰나 각각의 법의 세계의 배분이 변해 간다(그러나 무수라는 무한의 관점에서 본다면 변하지 않는 것과도 같다). 이렇게 볼 수도 있을 것이다.

이렇게 해서 무수히 많은 다르마가 현재에 존재하며 항상 그 현재밖에 없는 것이다. 직선적으로 이어지는 시간은 이 법에 의거하여 임시로 세워진 것에 지나지 않는다. 설일체유부에서는 그것을 '시간에 별체는 없고 이 법에 의거하여 가립한다'라고 한다. 이와 같이 항상 현재밖에 존재할 수 없다는 곳에서 인과를 초월한, 변화하는 존재 방식을 초월한 무위법이라는 것의 단서를 붙잡는 것도 가능할 것이다.

하여튼 아비다르마의 철학이 제시하는 세계관은 현재에 무수히 많은 다원적인 다르마가 존재하고 있다는 것이 원점이 된다. 그러한 현재가 현재, 현재로 이행해 간다. 그 구조가 연기의 이론에서 말해진 것이라고 할 수 있다. 그 현상세계의 분석 · 해명에서 우리들의 일상의 인식 속에 형태 지어진 허망한 자아에 대한 집착이 덧없어지게 된다.

있다는 것은 다원적 다르마뿐이며 자아도 사물도 존재하지 않는다. 이것을 명료하게 직관해 가는 과정에서 자아에 대한 집착을 떠나고 무명을 소멸할 때 멸제라는 진실의 세계가 실현된다고 한다. 이 번쇄철학도 또한 번뇌의 격류를 건너기 위한 뗏목이었던 것이다.

그 뒤의 불교철학자들은 이러한 아비다르마를 전개시켜서 아비다르마와 대결하고 아비다르마를 재해석한다든지 하여 더욱 사상을 발전시켜 갔다. 대승의 아비다르마로서의 유식사상은 제5장에서 살펴볼 것이다.

3장

대승불교의 출현

불교의 종교개혁

1. 대승이란 무엇인가?

새로운 경전을 전하는 걸어가는 법사(法師)의 출현

석존의 설법은『아함경』으로 정리되어 각 부파에 전해져 유지되었다. 그러나 부처님이 입멸(석존의 입멸)하신 뒤 3~4백 년가량 지나서 새로운 '불설(佛說)'이 천연스럽게 확장되고 있었다.『반야경』·『화엄경』·『법화경』·『무량수경』과 같은 경전이 석존의 설법으로서 선포되었던 것이다.

그것은 새로운 불교의 출현이었다. 정통적인 부파교단에서는 전혀 생각할 수 없었던, 불교의 '신흥종교'의 출현이었다. 말할 것까지도 없이 이 새로운 불교를 대승불교(大乘佛敎)라 부른다. 무엇보다도 새로운 불교의 담당주체들이 자신들의 불교를 '대승(위대한 교의)'이라 부르고 종래의 불교를 '소승(저열한 교의)'이라 하여 비난했다. 부처님이 입멸하여 4백여 년경이 지난 뒤, 처음으로 출현한 경전들은 모두 석존의 설법이라고 주장하는 것은 온당하지 않다. 거기에 석존의 직설이 포함되어 있다든지 석존의 정신이 충만해 있다고 해도 이것을 편집하고 제작한 사람은 당시의 누군가였음은 부인할 수 없다. 그것은 부파불교 수행자 가운데 일부의 특수한 그룹이거나 그렇지 않으면 그들과는 전혀 다른 부파 밖에 존재했던 구도자 그룹 등이든가 혹은 양자의 협동으로 이루어졌을지도 모른다. 확실한 것은 어떠한 것도 확정적으로 판단할 수 없다는 것이다. 작자를 시사한 적도 없는 대승경전의 출현은 실로 불가사의한 사건이었다.

다만 이들 경전(경전마다 제작자 그룹이 별도로 존재했을 것이다)을 사람들에게 설하여 들려준 자들에 관해서는 짐작이 간다. 그것은 주로 법사(法師)라 불리는 자들이었다. 법사의 원어는 다르마 바나카(dharmabhāṇaka)이다. 바나카라는 것은 음악이나 요술을 이야기하는 등의 기예로 살아가면서 민중 사이를 떠돌아다니는 이른바 예인(藝人)의 의미이다. 한국이나 일본에서는 중세에 여러 곳을 유행하여 걸어갔던 권진성(勸進聖, 민중들 사이에 다니면서 '나무아미타불'을 권유하고 다니는 스님)·염불성(念佛聖, 민중들 속에서 부처님을 마음속으로 외면서 다니는 스님)·소요하는 무녀(巫女)와 같은 존재들이 있었는데, 아마도 예인들의 이미지는 이들과 가까웠을 것이다.

그들은 결코 정규의 출가승일 수가 없다. 인도 사회의 종교에 관한 제도 속에서 말하면 이들은 이른바 쭉정이며, 멸시받고 그럴 듯한 구실로 이용되는 주변부 인물에 속했다. 그렇다고 하지만 바나카 중에는 교양도 있고 품위를 잃지 않은 자도 있었을 것이고, 한편 그다지 남들로부터 칭찬을 받지 못하는 바나카도 있었을 것이다. 하여튼 민중의 마음의 주름을 전하는, 이곳저곳으로 소요하는 바나카들이 대승경전을 말하면서 걸어가곤 하였다.

박해와 싸우는 대승운동

바나카 중에서는 『아함경』을 말하는 바나카, 석존의 과거세 이야기인 본생담(本生譚, 자타카)을 말하는 바나카 등 다양한 바나카가 있었던 것 같다. 그러나 『반야경』 등 지금까지는 들어 본 적도 없는 불설(佛說)과 만나자, 바나카들은 빠짐없이 그 새로운 가르침 혹은 진리 즉 다르마를 말하게 되었다.

그렇다면 민중의 심금을 적셨던 것은 무엇인가? 인간의 진실이란 무엇인가? 참된 종교란 무엇인가? 그러한 것을 몸으로 체득한 바나카들은, 대승의 새로운 다르마야말로 사람들에게 말하기에 충분한 진실이며 깊은 가르침이라 직감했을 것이다. 물론 그 배경에는 정통적인 부파교단의 제도화된 스님들, 기실 형해화한 권위만을 고집하고 있었던 스님들에 대한 은밀한 대항의식도 있었음에 틀림없다. 대승운동은 그러한 정통교단의 체제에서 탈락한 사람들에 의해서 민중을 끌어들이면서 전개해 갔다.

따라서 종래의 불교스님의 입장에서 본다면 다르마바나카들은 어디서 굴러먹던 말 뼈다귀 같은 무식한 존재이며 그러나 아픈 곳을 정확하게 찌르는 성가신 존재였을 것이다. 부파교단이나 그것과 긴밀한 관계를 맺고 있었던 재가의 지배층들은 당초 신흥의 대승운동을 눈앞의 적으로 삼고 언론이나 힘으로 대항하려고 했을 것이다. 사실 법사들은 가는 곳마다 공격의 표적이 되지 않을 수 없었다. 『법화경』 등이 법사들에게 헌신해야 할 것을 설한다든지 법을 비방하는 것(謗法, 대승의 바른 가르침을 비난하고 중상하는 것)을 중죄로 간주하는 것은 그러한 상황에 기인하는 것이었다.

『법화경』권지품(勸持品)에는 '야크샤(夜叉, 악마)와 같은 모습을 한 많은 스님들이 우리들을 욕할 것이다', '승원에서 쫓겨나고 많은 악담을 퍼붓는다고 해도 우리들은 말로 대응하지 말고 얼굴을 찌뿌리지도 않으면서 언제나 모든 것을 인내하도록 하라.'(사카모토 유키오·이와모토 유타카 역주, 『법화경』, 이와나미문고)고 기술한다. 또한 역시 『법화경』에 상불경보살(常不輕菩薩, 항상 상대를 가볍게 여기지 않는 보살)이라는 이름의 보살이 그러한 대승불교에 적의를 품고 있는 사람으로부터 어떠한 욕을 들어도, 몽둥이로 맞는다든지 돌을 던진다든지 해도 오로지 '당신들은 부처님입니다.'라고 합장하면서 예배했다(『법화경』「상불경보살품」)고 기술하고 있는 것은, 대승운동에 매진하는 자들은 오히려 자신에게 그렇게 행동하는 자들에 대한 깊은 애정을 표현하고 있다.

협동으로 제작된 대승불교

혹은 대승경전을 제작한 사람들은 어떤 고급의 다르마바나카였을지도 모른다. 그러나 다르마바나카만으로 깊은 교리나 선정체험 속에서 이루어지는 코스몰로지(cosmology) 등을 말할 수 있다고 생각하기는 어렵다. 부파교단 중의 유가사(瑜伽師, 요가수행자) 등 특히 수행에 매진하며 관불(觀佛) 체험 등을 체득한 사람들이 은밀하게 지도했을지도 모른다.

그렇다면 다르마바나카가 말할 수 있는 재료를 받아들일 수 있는 거점이 어딘가에 있었던 것일까? 일본 불교의 염불성인(念

佛聖人)이 석청수팔번궁(石淸水八幡宮, 일본의 신사신궁)을 이야기 재료나 각 지역의 정보를 받아들이는 거점으로 하고 있었던 것과 같다.

대승불교의 그러한 교단적 거점은 이전의 학설에 의하면 석존의 유골을 공경하는 불탑(스투파) 신앙의 집단, 그리고 거기에 상주하는 사람들에게 구해졌다(히라카와 아키라, 『초기대승불교의 연구』 슌주샤). 가령 불탑 앞에서는 격렬한 오체투지의 예배 등 어떤 종류의 삼매행이 행해졌다고도 상상된다.

또한 불탑의 주변이나 그 바깥을 에워싸고 있는 난간 등에는 석존의 일대기 등이 부조로 조각되고, 그 불탑의 관리인은 참배하는 사람들에게 반복해서 석존이 무엇을 추구하고, 무엇을 실현했던가를 설명하고 있다. 석존을 사모하여 참배하는 민중의 넘치는 종교적 요구를 접하면서 불전을 말하는 가운데 석존에 대한 신앙은 이 형태밖에 없다고 말하는 사람이 출현했다고 해도 조금도 이상한 일은 아니다. 여기서도 새로운 불교의 맹아가 싹트고 있었던 것이다.

원래 불탑은 부파교단의 관리 밖에 있었다. 석존은 출가자에 대해서 자신의 유해(遺骸)에 관해서는 염려하지 말라고 유언을 하였기 때문에 불탑은 재가자에 의해서 관리되고 있었다. 또한 계율상에서도 원칙적으로 불탑의 재정은 승가의 그것에 편입될 수 없었다. 따라서 부파교단의 공적인 자세로서는 불탑신앙이나 새로운 조류에 약간 차가운 자세를 취하지 않을 수 없었다. 그렇다고 해도 말단에서 어떠한 교류가 있었던가는 상상하기 어렵지 않다.

그렇다고 한다면 다르마바나카 · 민중 · 불탑 관리자 등 그리고 전문적 구도자들이 음으로 양으로 상호 협동하여 새로운 불교=대승불교를 만들어 냈던 것은 아닐까. 무엇보다도 최근에는 역시 대중부라는 부파에서 나왔다는 유력한 설도 주장되고 있다.

보살이란 누구인가?

대승불교 출현의 또 하나의 중요한 원인으로서 불교문학 운동의 유입이라는 것이다. 이것도 바나카들이 대승불교에 따르는 커다란 이유의 하나였을 것이다. 대승불교는 부처님을 다대한 공덕이 있는 자로서 이른바 신격화해 가지만, 거기에는 찬불승(讚佛乘, 석존을 칭찬하는 시가)의 흐름이 관여하고 있다고 한다. 부처님의 자비 정신의 강조에는 본생담(자타카, 석존의 전생 이야기)의 다수 이야기가 관련되고 있음에 틀림없다.

대승불교의 수행의 핵심에 있는 육바라밀의 수행(보시 · 지계 · 인욕 · 정진 · 선정 · 지혜)은 불전문학(석존은 어떻게 해서 발심하고 수행했던가를 설한 것)에 나오는 것이다. 대승의 수행자(신자)를 보살이라 부르지만, 이 말도 불전문학에서 석존의 성도 이전 호명으로 나온 것이었다. 이와 같이 이것 또한 정통교단의 주변에서 영위해 왔던 문학 활동 중의 부처님의 추구, 인간의 추구가 대승불교의 극히 기본적인 부분과 관련된다.

특히 보살이라는 말은 그와 같이 원래 불전에서 석존의 성도 이전을 가리키는 것이었다. 이것을 '본생의 보살'(본생은 석존의 전생을 의미한다)이라 한다. 그러나 대승불교에서는 대승불교에 귀의하고 보리심(깨달음을 추구하는 마음, 구도의 마음)을 발한 자는 모두 보살이라 부른다. 대승불교도는 이미 한 사람 한 사람이 보살인 셈이다. 이것을 '범부의 보살'이라 한다. 경전에 설해지고 불상 등으로 유명한 미륵보살이나 관음보살 등 높은 지위의 뛰어난 분만이 보살인 것은 아니다. 누구라도 보살이다.

여기에는 석존과 같이 수행을 하고 석존과 같이 깨달음을 열고 석존과 같이 부처가 될 것이라는 대승불교도의 열렬한 사고가 있다. 정통교단의 부파불교에서는 그다지 부처가 된다고 하는 것은 말하지 않는다. 수행의 최종의 지위는 아라한이며 아집을 끊음으로써 몸과 마음을 회멸(灰身滅智), 무여의열반(無餘依涅槃, 개체의 근거가 전혀 없는 열반)에 들어가는 것밖에 설명하고 있지 않다. 그러나 대승불교는 석존처럼 부처가 될 수 있다는 것을 당당하게 목표로 내걸었다. 그것은 실은 석존이 이 세상에 부처로서 나오시어 사람들을 구제한 그 근본정신을 자기의 정신으로 삼았던 것이다.

덧붙여서 보살은 온전하게 말하면 보리살타(菩提薩埵, bodhisattva) 요컨대 각유정(覺有情, 유정은 중생과 같은 것으로 사람들이라고 보아도 좋다)이라는 의미이다. 그것은 깨달음을 추구하는 사람이라는 의미이다. 그 깨달음이란 진실한 자기의 자각이며 그 '자각은 스스로 깨닫고[自覺] 남도 깨닫게[覺他] 하는 깨달음이다.' (우에다 시즈테루의 말) 후세 이 각유정이라는 말은 각(覺, 자기의 깨달음 즉 自利)과 유정(有情, 사람들 즉 利他)의 두 가지를 함께 마음에 둔 자라는 의미로 이해해도 좋을 것이다.

불전문학이 전하는 석존의 발걸음

여기에는 부처의 이해에 관해서 단순히 번뇌의 괴로움에서 해탈한 각자(覺者)일 뿐만 아니라 사람들을 제도하는 각자(覺者)라는 이해가 있다. 각자의 의미의 이해가 부파불교와는 다른 것이다. 그 원류는 불전문학의 '연등불수기(燃燈佛授記)'의 이야기에서 구해도 좋다. 거기서는 석존의 먼 과거세의 전신(前身)이, 스메타 청년으로 묘사된다. 그것에 의하면

그 옛날 인도의 어떤 도시에 스메타라는 바라문 청년이 있었다. 스메타 청년은 어려서 양친을 잃고 많은 재산을 상속받게 된다. 그러나 그 재산을 양친도 죽을 때 가지고 갈 수 없었다는 것을 생각하고 인생의 의미를 깊게 천착한다. 결국 스메타 청년은 히말라야의 산중에 들어가서 생로병사의 고통에 관해서 명상을 했던 것이다. 그 무렵 제자를 따라서 여러 나라들을 순방하기에 이른 부처님이 산기슭 아래에 있는 마을에 머물고 있었다(여기서는 석존 이외에도 많은 부처=각자가 있었다고 생각된다). 스메타 청년은 그것을 알고 반드시 그 부처님을 만나고 싶다고 생각하여 마을 사람들과 주변을 아름답게 꾸며서 맞이하고자 하였다. 특히 스메타 청년은 마을 사람들에게 수행자로 알려져 있었기 때문에 길이 질퍽질퍽하여 더러워져 있는 곳을 할당하여 그

보수작업에 일심으로 매달렸다. 그러나 길의 보수작업이 채 끝나기도 전에 부처님이 마을로 들어오셨던 것이다. 스메타 청년은 부처님이 질척질척한 길에 빠지지나 않을까 생각하여 자신의 몸을 다리삼아 건너가게 해야겠다고 생각하고 긴 머리칼을 풀어서 진흙 위에 덮고 땅위에 몸을 엎드려 끊어진 길에 다리를 놓았다. '나 한 사람이 힘을 얻는다고 해도, 나 한 사람이 미혹을 건넌다고 해도 그것이 무슨 의미가 있을까? 오히려 일체의 사람들을 미혹으로부터 건너게 하는 사람이 바로 자신이었으면 한다.' 이러한 각오를 하였던 것이다.

일반적으로 석존은 사문출유(四門出遊)의 이야기로 대표되는 것처럼, 자기의 생·로·병·사에 대한 고통으로부터의 해탈을 구하여 수행에 들어갔다고 전해져 왔다. 그러나 불전문학에서 석존의 전신인 스메타 청년의 깨달음을 지향하는 동기는 그것을 뒤엎는 것이다. 오히려 타자의 고통으로부터의 해방을, 자기의 제일의 서원처럼 변환되고 있다. 그 각오는 가까이에 현현한 부처님의 모습을 자신 속에서 직접 체현하고자 하는 마음에 기인한다.

이 부처님은 스메타 청년의 마음에 보리심을 등불로 한 부처로서 연등불(燃燈佛, Dīpaṃkara Buddha)이라 말해진다. 이렇게 해서 스메타 청년은 같은 부처가 되는 수행을 하고자 하여 8개의 서원을 세운다. 이때 디팡카라부처는 '그는 먼 세상에서 반드시 고타마 붓다가 될 것이다.'라고 예언하고 또한 그 보증을 부여한 것이다. 이것을 수기(授記, 기별을 받음)라 한다. 이 '연등불수기'의 이야

기가, 석존은 어떻게 발심하고 수행하여 부처가 되었는가의 물음
에 대한 불전문학에서의 답이었다.

타자의 구제를 향하는 대승

대승불교에서 부처는 석존(석가모니불)만이 존재하는 것이 아
니다. 약사불이나 아미타불 그리고 비로자나불 등 삼세(과거세·
미래세·현재세)에, 시방에 많은 부처님들이 존재한다고 하며 그 은
총이 설해진다. 그들 부처님은 거의 한결같이 스메타 청년과 같은
인연을 가진다고 생각된다. 가령 아미타불은 원래는 인도에서는
그다지 특별하지도 않은 일개의 왕이었다. 이 왕은 세자재불(世自
在佛)이라는 부처님을 만나서 완전히 자신도 그와 같은 부처가 되
고자 하는 마음을 일으킨다. 거기서 출가하여 수행자가 되어 법장
보살(法藏菩薩)이라는 호칭을 얻게 된다.

법장보살은 자신이 부처가 되었을 때 실현해야 할 세계에 관해
서 어떻게 해서든지 오겁(五劫)의 기간(일겁이란 사방 40리의 돌을
100년에 한 번 부드러운 옷을 스쳐서 그 돌이 완전히 없어질 때까지 걸
리는 시간의 길이. 다른 설도 있지만 특히 아주 긴 시간이다)의 긴 시간
동안 사유하고 48원을 세운다. 그렇게 해서 아주 긴 시간 수행에
힘써 지금은 이미 아미타불이 되어 극락정토를 완성했다고 한다.
이것은 완전히 스메타 청년의 발심과 구도의 이야기와 궤를 같이
한다고 할 수 있다.

『화엄경』의 교주인 비로자나불도 또한 원래는 어떤 왕국의 왕

자의 한 사람인 보장엄동자(普莊嚴童子)가 부처님을 뵙고 발보리심을 일으켜 아주 긴 시간 동안 수행을 하여 부처가 되었던 것이다. 그렇다면 대승불교는 불전문학의 불타관을 전적으로 계승한 것임을 알 수 있다. 대승불교의 여러 부처님들은 실로 역사상의 석존에 모범을 취한 것이 아니라 문학상의 석존에 모범을 취한 것이다.

종교라는 세계에서는 확실히 객관적 사실이나 역사적 진실만이 의미를 갖는 것은 아니다. 가령 신화든 설화든 중요한 것은 오로지 그 종교적 의미이며, 종교적 진실이다. 대승불교는 석존을 해석하고 깊이 천착해 가는 과정에서 종교적 진실을 체현하고 있는 불타를 만나고 그 불타의 핵심을 널리 전하고자 했던 것 같다. '연등불수기' 이야기를 구성하는 중요한 요소의 하나는 선배 부처님의 눈과 마주치면서 만나는 체험이 출발점이 된다고 하는 것이다. 게다가 그 부처님은 저쪽에서 오신 것이 된다.

그렇지만 부처님을 만나기 위해서는 이쪽에서의 무엇인가의 조건도 성숙하는 것이 필요하다. 가령 경전이나 불서를 읽을 때, 그 독서의 과정 속에서 눈앞에 부처님을 만나게 되는 사람도 있을 수 있다. 또한 불상이나 사원건축에 이르러 몰래 부처님을 만나는 사람도 있을 것이다.

부처의 출현은 스메타 청년에게는 결정적인 사건이었으나, 마을 사람들에게 똑같은 만남이 있었던 것은 아니었다. 부처의 출현은 그 사람 그 사람마다의 인연이 성숙한 사건인 것이다. 객관적 사실로서 존재하는 것이 아님은 틀림없다.

다음으로 만나는 부처님은 오로지 타자의 고뇌를 받아들여 자유자재하게 구제하는 분이라는 것을 간과해서는 안 된다. 그것을 언급하면서 이전의 자기가 완전히 전복되고 타자와의 연관 속에서 존재하는 자기를 느끼게 된다. 거기서부터 삶을 바꾸려 할 때 이미 우리들은 대승불교의 무리 속으로 편입되는 것이다.

대승불교의 구제는 부처가 되기 이전에 타자는 자기 자신과 단절되지 않는 존재라고 하는 자타관계 속의 자기로의 깨달음 속에 이미 존재한다고 말해도 좋은 것이다. 그리고 서원을 세운다고 하는 것이 수행의 근본에 반드시 행해지게 되는 것도 보살의 삶에 결여할 수 없는 것이다. 이것을 그 사람마다의 본원(本願, 수행에 들어가는 처음=근본에서 세우는 서원. 참된 서원이라는 의미는 아니다)이라는 것이다.

서원은 그 사람의 이후의 삶의 방식을 무한히 방향 짓는다. 불교에서는 계율을 받았을 때 그 사람의 일생을 규제하는 힘이 발생한다고 생각한다. 그 힘의 근원을 계의 본체[戒體]라 부르지만 대승불교의 계율의 본체는 서원·원심(誓願·願心)으로 볼 수 있다.

이와 같이 다른 부처님을 만나서 그 자신도 부처가 되고자 서원하고 또한 반드시 부처가 되어 다른 사람들을 부처가 되게끔 하여 그 무한의 연환의 장대한 이야기를 대승불교는 근간으로 설정했던 것이다. 그것은 깨달은 자의 서원하는 마음이 다른 사람들의 서원하는 마음을 환기시켜 대비(大悲, 비란 동정심)가 대비를 불러 일으키는 아주 오래된 이야기였다.

대승과 소승의 차이

여기서 대승불교는 왜 자신을 대승이라 불렀던 것일까? 대승과 소승의 차이를 몇 가지 간단하게 다음 페이지의 표로 정리해 보자. 도식적인 대비이기 때문에 약간 과장도 있지만 대략 그 성격의 차이가 알려진다고 생각한다.

대승과 소승(부파)의 차이

대승	소승
인간은 누구라도 석존과 같이 부처가 된다고 생각된다.	인간은 석존에게 다다르기에는 너무나 멀어서 아무리 수행을 해도 도저히 다다를 수 없다고 생각된다.
최종적으로 부처가 되어 자각 각타원만의 자기를 실현한다.	최후에 아라한이 되어 신체와 지혜를 회멸하여 정적인 열반에 들어간다.
일체의 사람들을 차별 없이 종교적 구제로 이끌려고 노력하고 이타를 중시한다.	자기 한 사람의 해탈에만 노력하고 자리밖에 추구하지 않는다.
스스로 서원하여 지옥 등 고통으로 점철된 세계를 향해 가서 구제행에 힘쓰고 생사에 대한 자유가 있다.	업에 근거하여 고통의 과보에서 떠날려고 할 뿐, 생사에서의 자유밖에 없다.

석존의 말씀 깊은 곳에 있는 본래의 뜻을 길어 올리는 과정에서 불교를 생각하려고 한다.	석존의 말씀을 그대로 받아들여 그 표면적인 이해에 시종하는 경향이 있다(성문이라고 말해진다. 또한 성문은 본래 제자의 의미이다).
재가불교의 가능성을 시사한다.	명확한 출가주의를 지향한다.

그런데 이와 같은 대승불교의 교의를 지지하는 가장 근저에 있는 것은 역시 공(空)사상일 것이다. 특히 아(我, 주관적 존재)의 공뿐만 아니라 법(法, 객관적 존재)의 공을 설한 것은, 아의 공밖에 설하지 않았던 부파불교와는 결정적으로 다른 점이다. 즉 아공법유(我空法有)에 대한 아공구공(我空俱空) 혹은 인법이공(人法二空)의 입장이야말로 대승의 세계관의 핵심이다.

이미 기술한 바와 같이 아란 상·일·주·재의 존재방식으로 파악된 것이었다. 원시불교 이래 인간을 구성하는 신체적·정신적 요소들은 있다고 해도 그것들을 하나로 한 실체로서의 아는 존재하지 않는다는 것(我空)이 설해져 왔다. 그런데 대승불교에서는 그 요소의 쪽에 해당하는 것조차 공(法空)이라고 설했던 것이다.

공이란 원래 부푼다는 동사에서 나온 말로서 속이 텅 빈 것, 내실이 없는 것을 의미하지만 존재의 제 요소들에 대해서는 그것이 자체 본체를 가지지 않는 것, 실체로서의 존재가 아닌 것을 의미한다. 실체라는 것은 다른 존재의 도움을 빌리지 않고 존재할 수 있는 것이며 영원불변의 존재라는 의미이다. 어떤 존재가 실체가 아니라고 하는 것은, 마치 있는 것처럼 임시로 현현한 것에 지나지 않는다는 것이며, 꿈이나 환영과 같은 존재라는 것이다.

법은 기본적으로는 전에 살펴본 설일체유부의 75법을 염두에 두어야만 할 것이지만, 오온(五蘊)·십이처(十二處)·십팔계(十八界)와 같은 것도 법의 범주에 포함될 것이다. 넓게는 우리들이 있다고 생각하는 사물이라고 보아도 좋다. 다만 어디까지나 법의 의미는 '자상을 유지하는 것'으로서 세계의 구성요소이다.

주체적 존재로서 구상되고 있는 자아도, 사물을 구성하는 요소적 존재로서 상정되고 있는 법도, 일체는 전혀 본체를 갖는 것이 아니라 공·무자성이며 그렇기 때문에 임시적 존재 혹은 환영과 같은 존재일 수밖에 없다는 것이 대승불교의 근본적 입장이다.

아법구공(我法俱空)이라는 것

도대체 왜 그와 같이 주장되는 것일까? 나는 그것은 대승불교도의 선정 속에서 이루어지는 깨달음의 체험에 근거를 둔 것이라고 파악한다. 관불체험이라고 말해도 좋을 것이다. 대승불교도 자신의 깨달음이 이것을 설하게 한 것이다. 물론 그렇다고 해서 그들이 그 이론적 설명을 방기했다고 말할 수 없다. 자아와 존재의 공임을 밝히기 위해서 그들은 연기(緣起)나 유심(唯心)과 같은 다양한 언어를 주도면밀하게 표현했다. 그것은 4장, 5장에서 상세히 살펴볼 것이다. 다만 그 배경에는 그들 자신이 가진 깨달음의 체험(공의 체험)이 있었다고 생각한다.

그리고 여기서는 아법구공(我法俱空)을 말하는 것이 실은 위에서 기술한 대비의 연환이라는 대승불교에 고유의 특징적인 입장을 가능하게 하는 것에 관해서 언급해 두고자 한다. 자아뿐만 아니라 법도 공·무자성이라는 것은 세계의 그 어떤 것도 실은 참으로 생겨난 것도 아니고 소멸한 것도 아니라는 것이 된다. 즉 본래 생멸(生滅)도 거래(去來)도 없고 따라서 본래 적정(寂靜)이며 본래 열반(涅槃)에 들어간다는 의미이다. 결국 우리들의 생사의 세계도 실은 본래 열반의 세계 그것이었던 것이다.

역으로 말하면 우리들은 수행하여 깨달음을 연 뒤 새삼스럽게 특별한 열반의 세계에 들어가지 않으면 안 되는 것은 아니다. 생사의 세계가 열반의 세계와 다르지 않다면 자유롭게 생사의 세계에 들어가서 게다가 그것에 오염되지 않는 것이 가능하게 된다. 거기서 무주처열반(無住處涅槃, 어떠한 상에도 집착하지 않는 완전한 열반)이라는 세계가 열리게 된다.

이 무주처열반에 들어감으로써 영원한 이타행도 가능하게 되는 것이다. 또한 아법구공을 이해한다고 하는 것은 아집(我執, 자아에 대한 집착)뿐만 아니라 법집(法執, 법에 대한 집착)도 끊는다는 것이다. 아집을 끊을 뿐이라고 하면 점차 살아가고자 하는 의지가 끊어지는 것으로 정지적인 열반으로 들어가는 것이 된다. 그러나 법집을 끊음으로써 세계에는 그 어떠한 실체도 존재하지 않는다는 투철한 지혜가 생긴다. 이 지혜가 자타평등의 본질을 여실하게 깨닫게 하고 고뇌에 빠져 있는 사람들을 구제하려는 마음을 발동시키게 하는 것이다.

그리고 문제의 핵심을 간파하여 자유자재하게 설법을 한다든지 무애자재하게 방편을 베푼다든지 하는 등 다채로운 활동을 할 수 있게 된다. 법집마저 끊음으로써 참된 자유를 확립하고 스스로의 원행을 완성시켜 가는 것이다.

이렇게 해서 아법구공이야말로 대승불교를 지탱하는 것임을 알 수 있다. 거기서는 공이란 비용(悲用, 대비의 활동)이 완전히 활동할 수 있는 원리 그 자체인 것이다. 공의 실상은 부처에서 중생으로 무한히 활동하는 세계를 지탱하는 것이다.

『반야심경』에는 '색즉시공(色卽是空), 공즉시색(空卽是色)'이라는 말이 있다. 색은 법 또는 현상의 대표이다. 여기에는 '색즉시공'과 본체를 가지지 않는 공의 존재방식을 본질로 하기 때문에 현상세계가 있을 수 있다는 것이 기술되고 있다. 그것을 '진공묘유(眞空妙有)'라 한다. 그리고 나아가 그 근본에 스즈키 다이세츠(鈴木大拙)가 말하는 진공묘용(眞空妙用, 공·무상의 세계에 끊임없이 솟아오르는 자비의 활동이 있는 것)의 세계가 있는 것이다.

대승도 불설이라는 말의 의미

이상과 같은 대승불교도 이미 기술한 바와 같이 그 처음에는 부파의 정통적인 교단의 대세에서는 이른바 백안시되고 있었던 것이다. 대승불교는 석존이 설한 것이 아니라는 대승비불설(大乘非佛說)은 근대에 이르러 과학적인 불교사연구가 비로소 처음으로 언급된 것이 아니라 아마도 대승불교가 출현한 이래 반복해서 말해졌던 것이다.

가령 5세기 무렵이지만 유식의 논서『대승장엄경론(大乘莊嚴經論)』에 대승비불설을 반박하는 사례가 보인다. 그것에는 7개 항목이 있지만 그중에는 다음과 같은 이유가 기술된다.

*성문승(聲聞乘, 소위 소승)과 동시에 대승은 존재하고 있었다. 결코 후대에 일어난 것은 아니다. 어떻게 해서 대승은 비불설일 수 있을까?

*만약 석존 이외의 존재가 정각을 성취하여 불타가 되어 설한 것도 불설이라면 대승도 그 의미에서 불설일 수 있을 것이다.

*부처가 되는 가르침(佛乘) 없이는 부처는 없다. 부처가 없다면 성문승도 있을 수 없다. 대승이 있기 때문에 여러 부처님들의 출현도 있다.

*언어의 표면적인 모습에 집착하여 부처님의 말씀이 아니라고 알아서는 안 된다. 이 광대하고 깊고 깊은 법은 불설 이외(가령 외도의 가르침)에는 있을 수 없다.

여기에는 대승불설의 증득으로서 석존의 설법에 다름 아니라는 증명과 불(각자)의 설법에 다름 아니라는 증명이 혼재한다. 게다가 어느 쪽인가 하면 임시로 석존의 직설이 아니라고 해서 다른 부처님의 설법으로 충분하다는 사고방식 쪽이 뛰어난 것이 아닌가?

도대체 『아함경』 등의 소승경전과 동시에 존재했던 대승경전으로서 그들은 무엇을 상정하고 있었던 것일까? 이미 1장에서 본 바와 같이 『숫타니파타』 등 대승적인 사상이 설해지고 있는 것도 사실이었다(69쪽). 실제 대승경전 중에는 석존의 직설에 유래하는 것이 적지 않았을 것이다.

다만 대승불교는 그 설법의 근거를 반드시 석존 한 분에게 귀속시키지 않는다. 오히려 깨달음 그것에 귀속시키고 있다. 그리고 그 깨달음은 석존 이외에도 충분히 있을 수 있다는 것이다. 거기에는 대승불교를 담당하는 사람 자신의 깨달음의 체험을 들 수가 있을 것이다.

그렇다면 우리들로서는 대승경전으로 표현되는 그들의 깨달음의 체험(넓게는 종교체험)을 믿는가, 어떤가를 어떻게 평가할 수 있는가라는 것이 문제가 된다. 그들 자신들의 깨달음의 체험이야말로 석존의 깨달음이었다는 입장을 어떻게 평가해야 할 것인가라는 것이다.

나 자신은 역사상의 석존 이외는 신용하지 않는, 그 석존에만 귀속해야 한다는 입장을 옹호해야 한다고 생각하지는 않는다. 석존의 깨달음뿐만 아니라 석존이 사람들에게 무엇을 설했던가에 불교를 보고자 하며 그것 또한 불교에 포함된다고 생각한다. 상대측의 주체와의 관계에 있어서 진실을 각각 존중하고 싶다. 석존의 제자들의 구도의 뒤를 따르고 싶고, 또한 대승불교도들의 종교적 메시지도 충분히 고려하고 싶다. 대승불교는 그것을 표현한 사람들의 종교체험을 통로로 삼아 석존-불타에 이르는 종교인 것이다.

2.『반야경』의 지혜

현장삼장의 『반야심경』 영험담

그런데 간단하게 대승경전의 세계를 살펴보고자 한다. 여기서는 가장 대표적인 초기 대승경전인 『반야경(般若經)』·『화엄경(華嚴經)』·『법화경(法華經)』·『무량수경(無量壽經)』을 제시하고자 한다. 이들 경전에는 대승불교의 초기 사상을 엿볼 수 있다. 우선 『반야경』인데, 『반야경』이라는 것은 반야바라밀다(Prajñāpāramitā)를 가장 중요하다고 설하는 경전군의 총칭이며, 단순히 『반야경』이라는 명칭의 경전이 있는 것은 아니다.

반야바라밀은 보살(대승불교도)의 기본적인 수행덕목인 육바라밀(六波羅蜜, 보시·지계·인욕·정진·선정·지혜)의 하나로 지혜의 수행을 의미한다. 바라밀은 최근은 완성의 의미로 말해지는 것이 많지만, 옛날에는 도피안(到彼岸, 피안에 이르는 것)의 뜻으로 해석되었다.

그런데 많은 『반야경』 가운데 가장 기본적인 것이라고 할 수 있는 『반야경』은 『팔천송반야경(八千頌般若經)』이다. 한역의 『도행반야경(道行般若經)』·『소품반야경(小品般若經)』이 이에 상당한다.

팔천송이란 팔천송(송은 시의 의미. 하나의 게송에는 8음절 4행, 요컨대 32음절) 길이의 경전이라는 의미이며, 팔천의 송(시)으로 성립해 있다는 것은 아니다. 그 밖에 이『팔천송반야경』의 내용을 답습하면서 분량을 증보한『일만팔천송반야경(一萬八千頌般若經)』·『이만오천송반야경(二萬五千頌般若經)』·『십만송반야경(十萬頌般若經)』등이 있다. 이 가운데『이만오천송반야경』은『방광반야경(放光般若經)』·『대품반야경(大品般若經)』등으로 한역된다. 나아가『금강반야경(金剛般若經)』·『반야심경(般若心經)』등 개별 독자의 경전이 있고 밀교에서도『이취경(理趣經)』등『반야경』계통의 경전이 있다.

『반야심경』은 이른바『반야경』의 정수를 응축한 것이다. 현장 삼장(玄奘三藏, 600~664)이 인도로 향하는 도상에서 막하연적(莫賀延磧, 둔황과 이우 사이에 있는 사막)에 당도하여 악귀에게 포위되었을 때, 이『반야심경』을 암송하자 악귀들은 소리를 듣자마자 사라졌다는 영험담이 있었다고 전해진다.

또한 현장 번역의『대반야경(大般若經)』은 다양한 종류의『반야경』을 집대성한 것이며 모두 600권이다. 선종 사원 등에서는 정월의 법회, 수정회(修正會)에서 이 경전의 전독(轉讀)이 이루어진다. 전독이란 접혀 있는 형식의 경본을 후르르 열자마자 닫고서 읽었다고 하는 것이다.

반야바라밀이란 무엇인가?

『반야경』은 보시·지계·인욕·정진·선정·지혜(반야)의 육바라밀의 수행 가운데 특히 반야바라밀을 중시하여 모든 바라밀은 반야바라밀(지혜의 수행)을 지향하는 것으로서 수행해야만 하고, 오히려 반야바라밀 하나의 수행 중에 다른 여러 바라밀이 다 갖추어져 있음을 시사하고 있다. 『팔천송반야경』 제3장(범본)에 다음과 같이 기술한다. 아난다(아난) 장로에게 세존(석존)께서 다음과 같이 말씀하셨다.

> 그렇기 때문에 아난다여! 그 반야(지혜)는 최고의 지혜이기 때문에 바라밀이라는 명칭을 얻은 것이며 그리고 그 반야에 의해서 일체지성(一切智性)에로 회향된 모든 선근이 바라밀이라는 명칭을 얻은 것이다. 따라서 아난다여! 선근이 일체지성으로 회향되는 것으로부터 반야바라밀은 다른 다섯 바라밀의 선도자이며 그 안내자이며 지도자인 것이다. 이와 같은 존재방식으로 다섯 바라밀은 반야바라밀 속에서 포함된다. 아난다여! 바로 반야바라밀이라는 것은 반야바라밀이 칭송될 때에는 여섯의 일체의 바라밀이 칭송되는 것이다.

반야=지혜의 궁극의 형태로서 일체지성이라는 것이 말해진다. 일체지(一切智)가 우주 전체의 본질을 일거에 아는 지혜인지 혹은 삼라만상의 사물들의 모습을 개별적으로 다 아는 지혜인지는 확정적으로 기록되어 있지 않지만, 양자를 포함한다고 보아도 좋을 것이다. 그것을 지향할 때 모든 선행도 의미가 있게 된다. 그것은 반야바라밀이 모든 수행을 선도하는 것이기도 하다. 그 의미에서 일체의 선행은 원래 반야에 의해 지탱된 수행이야말로 의미가 있다. 그렇게 『반야경』은 설한다. 여기에는 명쾌하게 지혜를 중시하는 자세가 있다.

'존재하지 않는다.'라는 방식의 '존재'

그렇다면 그 반야=지혜에 현현한 세계는 어떠한 세계일까? 지혜는 무엇을 보는 것일까? 『팔천송반야경』의 다음 부분은 이것을 흥미롭게 제시하고 있다. 여기서 세존은 사리푸트라(舍利弗) 장로에게 다음과 같이 말씀하셨다.

(…) 그렇게 말해졌을 때, 장로 사리푸트라는 세존에게 다음과 같이 말씀드렸다. '세존이시여! 이와 같이 반야바라밀을 배우고 있는 보살마하살(보살이며, 마하살=위대한 사람이라는 의미)은 어떠한 법을 배워야 합니까?' 그렇게 여쭙자 세존은 장로 사리푸트라에게 다음과 같이 말씀하셨다. '사리푸트라여! 그와 같이 배우고 있는 보살마하살은 어떠한 법도 배우지 않는 것이다. 그것은 왜인가? 사리푸트라여! 왜냐하면 그들 제법은 무학(無學)인 어린아이나 범부가 그것들에게 집착하고 있는 것처럼은 존재하고 있지 않기 때문이다.' 장로 사리푸트라는 말씀드렸다. '세존이시여! 그렇다면 그것들은 어떻게 존재하는 것입니까?'

세존께서 말씀하셨다. '사리푸트라여! 현재 존재하지 않는다는 형식으로 존재하고 그와 같이는 존재하지 않는다(avidyamāna). 거기서 (그 사실을 알지 못하는 것을) 무명(avidyā)이라고 하는 것이다. 무학인 어린아이나 범부들은 그것들에 집착하고 현재 존재하지 않는 일체의 법을 (존재하는 것으로서) 분별한다. 그들은 그것들을 분별하여 유·무·단·상(有·無·斷·常) 등의 두 개의 일방적 견해에 집착하여 그들 법의 사실을 알지도 못하고 보지도 않는다. 그렇기 때문에 그들은 현재 존재하지 않는 일체의 법을 분별하고 분별하여 두 개의 일방적 견해에 집착한다. 집착하여 그것에 근거한 견해에 의거하여 과거의 제법을 분별하고 미래의 제법을 분별하고 현재의 제법을 분별한다.'

우리들이 있다고 생각하고 있는 것은 실제로는 그와 같이 존재하지 않으며, 또한 현실에는 존재하지 않는다는 방식으로 존재하고 있는 것이라고 한다. 이 방식이야말로 지혜에 있어서는 분명히 현전하는 것이다.

우리들이 있다고 생각하는 것처럼은 존재하지 않는다는 것은, 그 어디에도 없다는 것이 아니라 존재하지 않는 방식으로 존재한다는 의미이다. 그렇다면 어떻게 해서 그러한 것이 가능할까? 실은 『팔천송반야경』은 초기에 이것에 대해 상세한 설명을 하지 않는다. 다만 시종일관 일체의 존재, 모든 분별을 떠나 있는 것, 규정할 수 없는 것, 따라서 일면적으로 집착해서는 안 된다는 것이 반복해서 설해질 뿐이다. 어떻게 해서 그러한가? 라고 해도 그것이 선정에 의해 지탱된 지혜에 있어서 현전하는 진실이기 때문이라고 밖에 말할 수 없을 것이다. 거기에 존재하지 않는 방식에서의 존재, 무자성(無自性)으로서의 존재 즉 공의 존재방식이 직접적으로 증명되어 왔던 것이다.

연기설에 의한 공의 이론화

다만 『팔천송반야경』의 제31장(마지막 장에서 두 번째 장)에는 이 무자성·공이라는 것을 설명하는 하나의 이론으로서 연기라는 것이 설해진다. 여기서는 뛰어난 역량을 가진 다르못따라(法上) 보살이 어떤 구도자에게 말하는 형식을 취하고 있다.

> 선남자여! 가령 현악기 소리가 살아 움직일 때 어딘가에서 오는 것도 아니고 또한 현악기 소리가 소멸할 때 어딘가로 가는 것도 아니며 어딘가로 가버린 것도 있을 수 없다. 직접적 원인[因]이나 간접적 조건[緣]의 완전한 화합에 의존하여 생기는 것이다. 즉 직접적 원인에 의존하는 것이며 간접적 조건에 의존하는 것이다. 가령 현악기의 나무 몸통을 인연으로 하고 가죽을 인연으로 하고 악기 줄을 인연으로 하고 활을 인연으로 하고 기둥을 인연으로 하고 채를 인연으로 하고 사람의 손놀림을 인연으로 하여 이와 같이 이 현악기의 소리는 직접적 원인에 의존하는 것이며 간접적 조건에 의존하는 것으로서 발생하는 것이다. 그리고 그 소리는 나무의 몸통에서 발생하는 것이 아니고 가죽·악

기 줄·활·기둥·채에서도 발생하는 것도 아니며 사람의 손놀림에서 소리가 발생하는 것도 아니다. 그렇지만 모든 인연의 결합에서 소리라는 하나의 존재가 임시로 설정되는 것(언어적으로 표현된다)이다. 마찬가지로 소멸하는 소리도 어딘가로 가는 것이 아니다.

이와 같이 불세존(佛世尊)의 신체도 인연화합(특히 많은 수행의 원인에서 이루어진다)의 산물로 보아야만 한다. 즉 '다수의 인연의 완전한 화합에서 생긴 것은 어디로부터 온 것도 아니고, 인연의 완전한 화합이 없는 경우에도 어디로 가는 것도 아니다.'라고 한다. 그것이야말로 또한 일체법의 법성(法性, 본질)이며 불생·불멸이 일체법의 법성이라고 한다. 이 일체는 불생불멸(不生不滅)이라는 것을 바로 알면 '위없는 진실한 깨달음(無上正等覺)'에 이른다고 한다.

여기서는 불생불멸의 본성을 연기에 의해서 기초 지우는 것이다. 연기이기 때문에 무자성이며 무자성이기 때문에 공이라는 설명의 원형이 보인다. 그러나 실로 우선 처음으로 반야의 지혜의 체득에서, 일체는 일면적 규정을 떠나 있다는 깊은 통찰이 이전에 있었을 것이다. 다시 말하면 법성 그 자체를 여실하게 깨달은 것이다. 성문이나 독각과는 다른 일체 법을 집착하지 않는 삼매(151쪽 이하에 제시한 구절 앞에 나온다)의 선정을 통해서 이것을 증득한 것이다. 거기서는 공은 오히려 불생불멸의 진리에 다름 아니다. 그것을 뒤에 연기를 사용하여 기초 지우는 것이다.

공은 니힐리즘이 아니다

이상은 극히 간단한 『반야경』 사상의 소개이다. 이와 같이 일체 개공(一切皆空, 모든 것이 공이다)을 설한 『반야경』은 이른바 니힐리즘과 근소한 차이가 없는 것은 아니다. 가령 다음과 같은 것도 설해진다.

숙련된 마술사가 커다란 사각의 교차점에서 큰 무리집단을 마법으로 출현시켰다고 하자. 출현시킴에 있어서 뒤에 그 큰 무리집단을 없애버린다고 하자. 그 경우 도대체 누군가에 의해서 누군가가 살해되었다든지 소멸되었다든지 하는 말들이 성립할 수 있을까? 당연히 그러한 것은 있을 수 없다. 한편 현실의 인간 또한 자체·자성은 없고 공이며 환영과 같은 것이라고 한다면, 그렇다면 사람을 죽이거나 상해를 입힌다고 해도 실은 죽인다든지 상해를 입힌다든지 하는 것은 성립될 수 없다.

물론 『반야경』에는 그와 같이는 설해져 있지 않다. 지금 환영의 비유도 현실의 인간은 그와 같이 무자성이기 때문에 보살은 무량·무수의 사람들을 열반으로 이끈다고 해도 열반에 들어가는 사람도 열반으로 이끄는 사람도 아무도 존재하지 않는다는 결론으로 이어진다. 오로지 대자대비의 활동을 행하여 티끌만큼도 그것에 집착하지 않는 것으로 연결된다.

나는 이들 일체의 사람들을 버려서는 안 된다. 나는 이들 일체의 사람들을 무량의 고뇌의 모임으로부터 완전하게 해방시켜야만 한다. 나는 다른 사람들에 의해 무수히 몸이 절단된다고 해도 그들에게 원망이나 원한의 마음을 품어서는 안 된다. 이러한 결의가 일체법공(一切法空)의 세계에서 나온다. 모든 존재가 공·무자성이라는 평등의 본질을 깨달을 때 타자가 그것을 알지 못하고 고뇌에 빠져 있는 모습을 보고 스스로 무엇인가 구제하고자 하는 마음이 용솟음치는 것이며 거기에 인간의 진실이 있다고 『반야경』은 말하는 것이다.

3. 『화엄경』의 우주

석존의 깨달음의 내적인 정경을 묘사하는 『화엄경』

다음으로 『화엄경』에 관해서 살펴보도록 하자. 오늘날 현존하는 『화엄경』은 하나의 형태로 정리된 대작(大作)이지만, 그 원류에는 『십지경(十地經)』이나 『입법계품(入法界品)』 등이 단독의 경전으로서 선포되어 있었다. 그것을 핵으로 하면서 오늘날의 『화엄경』이 형성되었던 것이다(『화엄경』의 완본은 한역으로는 60권 본과 80권 본이 있다).

『화엄경』은 석존(실은 비로자나불)이 보리수 아래에서 깨달음을 열고서 일주일 뒤에 설한 경전으로, 석존 자신의 내면에서 증득한 세계(自內證이라 한다)를 그대로 표현한 것이라 말해진다. 불타의 깨달음의 내적인 정경 그 자체가 직접적으로 설해져 있다는 것이다. 그러나 한편 옛날의 '인분가설(因分可說, 원인은 설명 가능하다), 과분불가설(果分不可說, 결과는 설명 불가능하다)'이라 말해지며 불과(佛果)의 세계는 언어로 표현할 수 없는 것이며 불과로 도달하는 원인이 되는 것 즉 수행의 도리를 밝힌 것이라고도 말해진다. 실제 『화엄경』은 십주(十住)·십행(十行)·십회향(十廻向)·십지(十地)와 같은 수행을 그 순으로 설한 것이기도 하다.

이와 같이 『화엄경』의 주제는 실은 오히려 보살도라는 측면에 있다. 경의 후반 3분의 1 정도를 점하는 「입법계품」도 선재동자라는 소년이 53인의 선지식(선생)을 방문하면서 수행을 완성해 가는 구도편력의 이야기를 기술한 것이다. 이것도 보살도를 다른 각도에서 새삼스럽게 설한 것이다.

원래 화엄(華嚴)이란 잡화엄식(雜華嚴飾)의 준말이다. 잡화란 각종의 다양한 꽃이라는 의미이다. 엄에는 장식한다는 뜻이 있다. 그것은 깨달음을 열었던 석존 즉 비로자나불에 비친 세계의 모습이다. 그것은 석존의 불국토라는 의미가 되지만 거기에는 중보잡화(衆寶雜華)를 가지고 장식한 것이다. 모든 보석이나 다양한 꽃을 가지고 국토를 장식한다는 것이다.

이 잡화란 중생들이 석존의 주위에 머물고서 불도를 수행하면서 이 세계를 장엄하는 것의 상징이다. 요컨대 우리들 한 사람 한 사람이 보살도를 이 세계에 행하는 것이 석존의 불국토를 장식하는 것이 된다(화엄)는 것이다.

중중무진의 시간적 · 공간적 관계성

『화엄경』에서는 우선 위와 같은 석존의 자내증(自內證)의 세계가 묘사된다. 그 가운데 「노사나품(盧遮那品)」에서는 석존 즉 비로자나불의 입(또는 얼굴) 및 하나하나의 치아 사이에서 무수한 광명이 펼쳐진다. 그러자 석존의 주위에 모여 있던 보살들은 시방으로 무수한 세계가 있고 그 하나하나의 세계에 여래가 있음을 본다. 그리고 각 세계의 대보살은 석존이 드러낸 빛으로 촉발되어 무수한 보살을 따라서 석존 곁으로 와서 부처님을 공양하고 발을 모아 앉는다. 거기서 석존은 미간의 백호상(白毫相)에서 일체보색등명운광(一切寶色燈明雲光)이라는 빛을 드러낸다. 그 빛 속에서 보현보살이 삼매(三昧, 마음을 깊게 통일시킨 상태=선정)에 들어가, 이윽고 석존의 위신력을 받아서 설법해 가는 것이다. 덧붙여서 보현(普賢)은 대비(大悲), 문수(文殊)는 지혜(智慧)를 상징한다. 일반적으로 보현대사는 흰 코끼리를 타고, 문수대사는 사자를 타고 석가의 양 옆구리에 위치한다고 한다.

보현은 여기서 연화장세계에 관해서 기술한다. 말할 것까지도 없이 비로자나불의 불국토가 연화장 세계인 것이다. 그것은 '이 연화장세계 안에서는 하나하나의 먼지 · 티끌 속에서 일체 법계를 본다.'라고도 설해지는 세계이다. 겨우 하나의 먼지 속에 우주의 모두를 본다고 한다. 그것도 어느 먼지 티끌에서도 같다고 말하는 것이다.

그러한 일즉일체(一卽一切, 하나가 전체), 일체즉일(一切卽一, 전체가 하나)과 같은 기술이 무수히 나온다. 앞의 시방세계의 보살 무

리들이 석존의 주위를 에워싸고 있는 신비적이며 장엄한 광경에
도 이미 이 이치는 드러나 있다. 그 외에도 '일체의 세계는 한 터럭
안에 들어가고 한 터럭은 불가사의한 시간을 벗어난다. … 일체의
모든 상은 다 하나의 상으로 들어가며 하나의 상은 일체의 모든
상으로 들어간다. 일체의 소리는 하나의 소리로 들어가고 하나의
소리는 일체의 소리로 들어간다. 일체의 삼세는 다 일세로 들어가
며 일세로 하여금 일체의 삼세로 들어가게 하라'(「보현보살행품(普
賢菩薩行品)」) 등이 기술되어 있다.

이들 사상은 뒤에 중국의 지엄(智儼, 화엄종의 제2조. 602~668)이
나 법장(法藏, 화엄종의 제3조. 643~712)에 의해서 체계화되어 화엄
의 가장 화엄다운 사상으로서 선전되었다. 하나의 사물의 상은 다
른 무수히 많은 사물의 상과 다종다양한 관계를 맺고, 무한의 관
계에서 관계 맺는다는 중중무진(重重無盡)의 연기를 해명하고 개
개의 사물의 상이 자유자재하게 교류 침투해 간다는 사사무애법
계(事事無碍法界)를 설한다. 너무나도 현란하고 화려한 코스몰로
지가 거기에 존재한다.

다만 그러한 사고방식의 근간에 있는 것은, 역시 존재는 무엇
인가 하나로서 자성(자체)을 갖지 않는다는 것이다. 법장은 화엄
의 교리를 정리한 『화엄오교장(華嚴五敎章)』에서 하나가 하나로
서 자체가 있는 것이라면 그 하나와 하나가 있다고 해도 둘을 구
성할 수 없고 다만 하나와 하나로밖에 존재할 수 없다는 것을 기
술한다. 오히려 거기서는 둘도 셋도 아니기 때문에 오히려 하나도
없는 것이 된다. 그리고 둘이나 셋이 있을 수 있는 것은 하나에 하

나의 자성이 없고 둘에 둘의 자성이 없기 때문이다. 게다가 하나
는 무자성이기 때문에 둘을 더할 수가 있고, 셋을 더할 수가 있다.
결국 둘을 위한 덕(德, 성질과 작용)을 갖추고 있고, 셋을 위한 덕도
갖추고 있다.

일자가 없다면 다자도 없다. 다자가 없다면 일자도 없다. 일자
는 무자성으로 다른 일체를 성립시키게 하는 다수의 덕을 갖추고
있는 것이며 무자성이라는 존재방식은 실은 즉시 모든 성질과 작
용의 내재태(內在態) 그 자체이다. 둘에 관해서도 셋에 관해서도
모든 수에 관해서도 마찬가지이다. 그러한 것을 『화엄오교장』은
다양한 각도에서 묘사하고 있다.

이와 같이 화엄의 근본에는 일체법 무자성의 사고방식이 있고
게다가 그 무자성 속에서 적극적인 작용을 본다고 하는 것이다.
그 근본에 비로자나불의 깨달음이 있다. 그것으로부터 일즉일체
(一卽一切)·일체즉일(一切卽一)·일입일체(一入一切)·일체입일(一
切入一)의 중중무진의 시간적·공간적 관계성의 세계가 설해지는
것이다.

공간에 근거한 물심(物心) 미분화의 '마음'

『화엄경』에는 자주 유심사상이 나온다. 이것도 『화엄경』 사상
의 하나의 특색일 것이다. 「십지경」 속의 제6지의 설명에는 '삼계
는 허망하다. 다만 일심이 지은 것이다. 십이연기는 모두 마음에
의지한다.'라고 기술한다. 삼계(三界)란 욕계·색계·무색계라는

미혹 속의 세계이다. 그것들은 모두 일심이 묘출한 것에 지나지 않는 것이다. 「야마천궁보살설게품(夜摩天宮菩薩說偈品)」에도 같은 설이 많이 기술되어 있다.

마음은 뛰어난 화공과 같이 각종의 오음을 그린다.
일체 세계 중 법으로써 지어지지 않은 것은 없다.
마음과 같이 부처도 또한 그와 같고
부처와 같이 중생도 그와 같다.
마음과 부처 및 중생
이 셋은 차별이 없다.
모든 부처는 물론 일체는 모두 다 마음에 의해서 전변한 것임을
알아야 한다.
만약 이와 같은 줄 안다면 그 사람은 참된 부처를 본다.

마음 밖에 중생도 부처도 없다. 그 마음이 미혹된 것이 중생이며 깨달은 것이 부처이다. 마음과 부처와 중생의 셋에 차별이 없는 것이라고 한다. 일체 세계 속에 그 마음이 짓지 않은 것은 없다. 같은 「야마천궁보살설게품」에는 다음과 같은 게송도 있다.

만약 어떤 사람이 삼세의 일체 모든 부처님을 알고자 욕구한다면 마음이 모든 부처를 짓는 줄을 마땅히 이와 같이 관찰해야 한다.

일찍이 당의 수도인 낙양에는 왕명간(王明幹)이라는 사람이 있었다. 특별하게 선행을 닦은 적도 없는 채로 죽어서 지옥에 떨어져 버렸다. 그 입구에 지옥보살이 계셨기 때문에 도움을 청하자 다음의 한 게송을 읊는다면 지옥을 벗어나게 해 주겠다고 하였다. 그것이 위의 게송이다. 그리고 염마왕의 심문에 대해서 이 게송을 암송하면 순조롭게 지옥을 벗어날 수 있다고 말한다. 그래서 이 게송을 '파지옥(破地獄)의 게송'이라고 하는 것이다.

이와 같이 『화엄경』에는 일즉일체·일체즉일의 논리와 함께 유심의 사상도 자주 보인다. 또한 유심 혹은 일심의 심이란 물과 심으로 나누어진 위에서의 심이라는 것이 아니다. 이 마음은 물과 심으로 분화되기 이전의 세계이다. 그것은 다음의 10종 평등법, 그 평등법의 세계이다.

①무성(無性)을 본성으로 하기 때문에 일체 법은 평등하다.
②무상(無相)을 본성으로 하기 때문에 일체 법은 평등하다.
③무생(無生)을 본성으로 하기 때문에 일체 법은 평등하다.
④무멸(無滅)을 본성으로 하기 때문에 일체 법은 평등하다.
⑤본래청정(本來淸淨)을 본성으로 하기 때문에 일체 법은 평등하다.
⑥희론(戱論, 미혹한 인식 속의 허망한 언어)이 없는 것을 본성으로 하기 때문에 일체 법은 평등하다.
⑦취하는 것도 버리는 것도 없는 것(不取不捨)을 본성으로 하기 때문에 일체 법은 평등하다.

⑧떠남[離]을 본성으로 하기 때문에 일체 법은 평등하다.

⑨환영·꿈·그림자·물속의 달(과 같이 실체가 없는 것)과 같은 것을 본성으로 하기 때문에 일체 법은 평등하다.

⑩있음[有]과 없음[無]은 둘이 아니라는 것[有無不二]을 본성으로 하기 때문에 일체 법은 평등하다[「십지품」 제6현전지].

이 평등한 세계가 일심이기도 하다. 그것은 거의 공에 대한 직관에 의해 특징 지어진 것이지만 말할 것도 없이 선정을 통한 깨달음 속에서 볼 수 있는 세계일 것이다. 일즉일체·일체즉일은 이 공·무자성에 기초 지어져 있다. 그것의 다른 표현이 유심이다. 그 의미에서 유심(唯心)과 무진연기(無盡緣起)는 하나이다.

불도는 신심[信]으로 시작한다

그런데 『화엄경』이 설한 보살도는 어떠한 것일까? 보살도의 시작에는 우선 신심이 설해진다. 요컨대 신심이 발보리심(發菩提心)의 조건이 되는 것이다. 일반적으로 불교의 신심이란 불·법·승(삼보)에 대한 믿음이라는 것이 될 것이다. 그러나 대승에는 석존 그분은 역시 눈에 보이는 형태로는 존재하지 않는다. 승=상가(교단)도 특정의 공동체로서 형성되었던 것은 아니다.

대승의 신심은 그와 같이 눈에 보이는 대상으로의 직접적인 귀의라는 형태는 취할 수는 없었다. 게다가 전통불교가 설하지 않았던 가르침을 받아들이는 것이 구해졌던 것이다. 따라서 대승불교에서 신심의 근본에는 그 가르침으로의 지적 이해도 포함한 신심 즉 신해(信解)가 추구되었던 것이다.

이렇게 해서 신심이 정해지면 『화엄경』에서는 우선 십주(十住)의 첫 단계인 초발심주(初發心住)에 들어간다고 말해진다. 그리고 십주·십행·십회향·십지 등 단계적으로 수행이 설해져 있다. 이 가운데 「십행품」에서는 십바라밀(十波羅蜜, 육바라밀에서 방편·원·력·지의 4바라밀을 더한 것)이 가장 상세하게 설해져 있다. 다음의 십회향의 제1은 우선 여러 바라밀을 행하고 무량의 선근을 닦는 것이 기술되고, 다음으로 '평등관으로 들어가 원한이나 친함이 없기 때문에 항상 자비의 눈으로 중생을 본다.'라고 기술하고, 나아가 '우리들은 마땅히 저 삼악도(三惡道, 지옥·아귀·축생) 속에서 모두 다 대신 고통을 받고서 해탈을 얻게 해야만 한다.', '우리들은 마땅히 하나하나의 악도에서 미래 겁을 다하여 모든 중생들을 대신하여 무량의 고통을 받아야만 한다.'는 등으로 말해진다.

여기에는 확실히 '대수고(代受苦, 타인의 고통을 대신 받는 것)'의 사고방식이 나온다. 원래 회향이라는 것이 자신이 노고하여 수행한 공덕을 타자에게 되돌려버리는 것이며, 실로 대수고의 실천일 것이다. 이러한 수행 없이 보살도는 완성될 수 없는 것이다. 그리고 가장 중요한 십지(十地)의 수행을 간단하게 정리하면 다음과 같다.

①환희지(歡喜地), 바른 지혜를 얻어 환희한다.

②이구지(離垢地), 계를 지키고 마음의 티끌을 떠난다.

③명지(明地), 다라니를 얻어 지혜가 밝게 된다.

④염지(焰地), 지혜의 불꽃에 의해서 번뇌를 불사른다.

⑤난승지(難勝地), 끊기 어려운 무명의 번뇌를 끊는다.

⑥현전지(現前地), 연기에 대한 지혜가 현전한다.

⑦원행지(遠行地), 수행이 심화되고 성문·연각의 경계를 멀리 초월해 간다.

⑧부동지(不動地), 무분별지가 자유롭게 작동하여 번뇌에 어지럽혀지지 않는다.

⑨선혜지(善慧地), 설법·교화가 자유자재하며 선한 법을 설한다.

⑩법운지(法雲地), 지혜는 큰 구름과 같이 감로의 비를 내린다.

이들 단계를 통해서 부처가 되는 것이다. 대승불교에서는 일반적으로 초발심주에서 십주·십행·십회향·십지를 거쳐서 부처가 되기까지 삼대아승기겁(三大阿僧祇劫)이 걸린다고 한다. 아승기란 셀 수 없는 것이지만 일대아승기겁(一大阿僧祇劫)의 시간의 길이는 800제곱미터의 바위를 하늘의 시간으로 3년에 한 번 부드러운 옷으로 그 바위를 갈아서 없애는 데 걸리는 시간이라고 한다. 거의 무한에 가까운 시간이지만 그럼에도 하나의 유한의 시간의 단위를 표시하고 있는 것이다. 삼대아승기겁은 그 시간을 세 번 거듭한 것이다. 실로 정신이 아찔한 이야기이다.

그러나 『화엄경』은 '초발심이 일어날 때에 곧 정각을 이룬다.'라고 한다. 신심이 정해져 초발심주에 들어간다면 부처가 된 것이나 마찬가지라고 한다. 자아에 대한 집착을 근본적으로 뒤바꾼 곳에 진공묘유(眞空妙有, 진공에 철저할 때 끊임없이 샘솟는 부처의 작용)의 일부분이 작동해 나오기 때문일 것이다. 시간적으로 일즉일체·일체즉일이라는 것에서도 요컨대 현재와 미래는 융합해 있어 동시에 성립해 있다는 사고방식에서도 이것은 설명된다. 이 입장은 '신만성불(信滿成佛, 신심의 완성의 단계=십주의 초주에 오르는 단계이며 깨달음도 실현했다고 보는 사상)'이라 하여 중국이나 한국 그리고 일본의 불교에 커다란 영향을 끼쳤던 것이다.

4. 『법화경』의 이상(理想)

『법화경』이 설한 일승사상이란

다음으로 『법화경(法華經)』에 관한 것이다. 『법화경』은 원명을 사다르마푼다리카수트라(Saddharmapuṇḍarīkasūtra)라고 한다. 연꽃과 같은 바른 법을 설한 경전이라는 의미이다. 무엇보다도 경전 중에서 연꽃으로 비유되고 있는 것은 보살이다. 보살은 세간의 진흙탕 속에 존재하지만, 그것에 물들지 않고 이윽고 무구청정(無垢淸淨)의 꽃을 피우는 존재이다.

『법화경』은 중국에서 6회 번역되었다고 하며 그 가운데 세 개의 번역만이 남아 있다. 그중에서도 구마라집(쿠마라지바, 역경승

344~413)이 번역한 『묘법연화경(妙法蓮華經)』[원래는 27품. 천태지의(천태대사. 천태종의 종조 538~597)가 활약할 무렵, 제바달다품 제12가 더해져 28품이 되었다]은 그 유려한 번역에 의해서 널리 유포되었다. 일반적으로 『법화경』이라고 하면 이 구마라집의 번역본을 말하는 것이다.

구마라집이 번역한 『법화경』의 당초는 27품이었지만 그것은 조금씩 형성되었던 것으로 점차 세 종류로 나누어진다(원래의 27품에 의거한다. 다무라 요시로, 중공신서 『법화경』).

제1류, 방편품 제2 ~ 수학무학인기품 제9, 기원 50년경
제2류, 법사품 제10 ~ 촉루품 제21, 서품 제1, 기원 100년경
제3류, 약왕보살본사품 제22 ~ 보현보살권발품 제27, 기원 150년경

역시 전체적으로 상당히 초기의 경전이다. 다무라 요시로(田村芳朗)는 전게서에서 『법화경』이 설한 주제에 관해서 일승(一乘)사상·구원불(久遠佛)사상·보살(菩薩)의 사명, 이 셋을 든다. 지금 이 세 가지에 관해서 약간의 소개를 시도해 보자.

우선 일승사상이지만 이것은 삼승(三乘)사상과 대립하는 사상이다. 삼승사상이란 인간에게는 대승불교에 적합한 사람, 이른바 소승불교의 성문승이나 연각성(二乘을 말한다)에 적합한 자 등 원래 능력의 차이가 있고 가르침도 제각각이기 때문에 나누어져 있다고 보는 것이다. 이것에 대해서 일승사상은 누구라도 대승불교

에 적합한 존재이며 (요컨대 보살로서 수행하여 부처가 될 수 있는 것이다) 성문승이나 연각승도 대승으로 이끌어 들일 때의 방편으로서 의미가 있다고 보는 것이다.

『법화경』은 확실히 '사리푸트라여! 나는 일승을 제1로 하며 사람들에게 법을 설한다. 즉 이것이 불승(佛乘)인 것이다. 사리푸트라여! 제2 제3의 입장은 어디에도 존재하지 않는다. 이것이 일체의 시방세계에서 본래의 존재방식(dharmatā)인 것이다(방편품)'라고 설한다. 다시 말하면 부처님에게는 일승의 입장밖에 존재하지 않는다는 명언인 것이다.

'삼거화택(三車火宅)과 장자궁자(長者窮子)의 비유

『법화경』은 일승사상을 많은 비유를 통해 정교하게 설명해 간다. 그중에서도 「비유품」의 '삼거화택(三車火宅, 세 개의 수레와 불이 난 집)' 비유는 유명하다.[2]

> 사리불이여! 예를 들어 고을이든, 마을이든, 도시든, 시골이든, 시골의 어느 지방이든 서울이든 어디라도 좋다. 그곳에 어떤 가장(家長)이 있다고 하자. 그는 나이가 들어 기력이 쇠했으며, 장자로서 고령에 이르렀으나 부유하여 재력이 있고 생활도 풍요롭다. 그의 저택은 높고 넓으나 오래되어 낡았으며, 2백, 3백, 4

---

2) 아래 법화경 번역은 현해스님의 『법화경』(민족사)에 의거한다.

백 혹은 5백이라는 많은 중생들이 살고 있었다. 그 저택에는 문이 단 하나 있다. 현관은 무너졌으며 기둥은 썩었고 외벽이나 담장도 칠이 벗겨져 있는 바로 이 저택이 갑자기 큰 불덩이에 싸여 여기저기서 불꽃이 타올랐다고 하자. 또 그 사람에게는 5명이나 10명 혹은 20명의 많은 아들들이 있었다고 하자. 그리고 그 사람만이 집 밖으로 도망쳐 나왔다고 하자.

사리불이여! 그때 그 사람은 자신의 저택이 큰 불덩이에 휩싸여 타오르는 것을 보고 두려워 떨면서 어찌할 바를 모른다고 하자. 그리고 이런 생각을 한다고 하자. '나는 이 큰 불덩이에 닿지도 않고 타지도 않게 재빨리 도망쳐 나왔지만 내 아들들은 아직 어려서 집 안에서 장난감을 가지고 각자 즐겁게 놀고만 있다. 이 집이 불타고 있는 것도 모르며 알지도 못하고 당황하지도 않고 오직 노는 데만 정신이 팔려 있다. 이 큰 불덩이에 싸여 있으면서 큰 고통이 다가오는데도 그들은 느끼지 못한다. 또 밖으로 나가야겠다는 생각도 하지 못한다.'라고. 사리불이여! 그 가장은 힘과 능력이 있는 사람이어서 다음과 같이 생각했다. '나에게 힘과 능력이 있으니 아이들을 업어서 구출한다면 어떨까.' 그러나 그는 이렇게도 생각했다. '이 집 입구는 단 하나밖에 없고 문은 닫혀 있다. 또 아이들은 얌전치 못하여 이리저리 뛰어 다녀 어떻게 하고 있는지도 모른다. 아이들이 화를 입기 전에 알리자' 이렇게 생각해서 그는 아이들에게 외쳤다. '얘들아! 이리 나오너라. 빨리 도망치거라. 지금 집이 불타고 있으니 다치기 전에 어

서 나오너라.'

그러나 아이들은 놀이에 빠진 나머지 밖에서 부르는 것도 모르고 놀라지도 않고 두려워하지도 않으며 아무 생각 없이 밖으로 나오려고 하지도 않았다. 집이 불타고 있는 것이 도대체 무슨 일인지 전혀 모르고 알려고도 하지 않았다. 이리저리 뛰어다니며 부친이 있는 곳을 바라볼 뿐이었다. 이것이 무지한 아이들의 모습이다. 그래서 가장은 이렇게 생각했다. '이 집은 큰 불덩이에 휩싸여 타오르고 있다. 나와 아이들이 화재 때문에 재앙을 입어서는 안 된다. 그러니 방편을 써서 아이들을 불타는 집에서 나오게 해야겠다.'

이 가장은 아이들이 전부터 무엇을 가지고 싶어 하는지 알고 있었으며 성격도 잘 알았다. 아이들이 가지고 싶어 하는 것은 여러 종류의 장난감―가지각색의 재미난 것으로 모두가 원하는 보기 좋고 마음에 꼭 들면서 구하기 힘든 것―이었다. 가장은 아이들의 바람을 알고 있었기 때문에 이렇게 말했다. '얘들아! 너희들이 가지고 놀기도 아주 좋고 지금껏 본 적이 없는 여러 가지 장난감―너희들이 가지고 싶어 하는 보기 좋고 마음에 꼭 드는 소수레, 양 수레, 사슴수레(三乘에 비유함) 장난감―을 전부 집 밖에 놓아두었다. 자, 얘들아, 이리 나오너라. 그러면 원하는 것은 무엇이든 다 주겠다. 이것을 가지러 빨리 나오너라.'

그러자 아이들은 전부터 가지고 싶었던 장난감 이름을 듣고 재미나게 놀 생각에 타오르는 집에서 재빨리 뛰쳐나왔다. '누가 제일 빨리 나가는지 보자' 하며, 서로 다투듯 재빨리 타오르는 집에서 뛰쳐나왔다. 그때 가장은 아이들이 무사히 나오는 것을 보고, 네거리의 땅 위에 주저앉아 기쁨에 젖어 안도의 숨을 쉬었다. 그때 아이들이 부친이 있는 곳으로 다가와서 이렇게 말했다. '아버지, 소 수레, 양 수레, 사슴수레 같은 여러 가지 즐거운 장난감을 주세요.'라고. 사리불이여! 그래서 가장은 아이들에게 바람처럼 빠른 소 수레를 주었다.

이것은 칠보로 되었고 손잡이가 있으며, 방울이 달린 그물이 드리워져 있고, 높고 크고 멋지고 진귀한 보석으로 장식되었고, 보옥의 화환이 아름답게 빛나고 화만(華鬘)으로 장식되었으며, 자리에는 천과 모포가 깔리고 양측에 옥양목과 비단으로 덮인 붉은 베개가 놓여 있는 수레였다. 또한 발이 빠른 흰 소가 끌며 많은 사람들이 딸려 있고 왕자의 표시로서 깃발이 있는 수레였다. 가장은 같은 모양과 같은 종류의 소 수레를 아이들에게 하나씩 주었다.

물론 장자는 부처님이며, 자식들은 우리들 중생들이다. 불은 실은 탐·진·치 등의 번뇌에 다름 아니다. 양·사슴·소의 세 수레는 일대백우거(一大白牛車) 즉 일불승의 가르침이 주어지기 위한 방편으로서의 삼승(三乘, 성문승·연각승·보살승)의 가르침이다. 이

비유는 실로 정교하게 '일승진실(一乘眞實)·삼승방편(三乘方便)'
이라는 것을 설명하고 있다. 또한 「신해품(信解品)」의 '장자궁자
(長者窮子, 장자의 가난한 아들)'의 비유도 유명하다.

　　우리는 마치 어떤 어리석은 사람이 다른 어리석은 사람들의 꾐
　에 빠진 것과 같다. 그는 부친 곁을 떠나 아주 먼 곳을 유랑한다
　고 하자. 그때 그 부친은 자기 아들이 달아나 버린 것을 알고 너
　무 슬퍼한 나머지 50년 동안이나 사방으로 아들을 찾아 돌아다
　녔다. 그는 아들을 찾아다니 어떤 큰 마을의 저택에 정주하며
　오욕의 즐거움을 누린다. 그에게는 많은 황금과 곡식과 재보 나
　패, 유리, 산호가 있으며 또 코끼리, 시종 그리고 소, 양도 있다.
　그는 사업을 하며 금리를 모으고 많은 토지와 하인, 하녀, 심부
　름꾼들을 거느리며 수많은 사람들로부터 존경을 받으며 언제
　나 왕후의 친한 상대이기도 했다. 이웃사람들도 마을사람들도
　그에게 합장하며 많은 상인들이 그의 주위에 모여서 여러 가지
　일을 하며 그의 장사를 돕고 있었다. 그는 이처럼 위세를 갖춘
　사람이지만 해가 갈수록 나이를 먹어 노인이 되자 언제나 아들
　걱정을 하면서 밤낮을 보냈다. 그 사람은 이렇게 걱정할 것이다.
　'내 아들은 어리석어서 지금까지 50년 동안이나 방황하고 있다.
　나에게 이런 막대한 재물이 있고 더구나 내 임종이 가까워 오는
　데도.'

　　그즈음 어리석은 그의 아들은 언제나 가난과 비참함 속에서 이

마을 저 마을로 떠돌아다니며 먹을 것이나 입을 것을 찾고 있었다. 어떤 때는 조금 얻기도 했고 또 어떤 때는 아무것도 얻지 못했다. 그 어리석은 자는 남의 작은 창고에 기숙했는데 쇠약하고 말랐으며 습진과 옴으로 온몸이 엉망이었다. 그는 부친이 있는 마을에 오게 되어 먹을 것과 입을 것을 구하다가 점점 자기 부친의 저택이 있는 곳에 가까이 왔다. 큰 재산을 소유한 이 부호는 문 근처에 있는 좋은 의자에 앉아 수백 명에게 존경을 받았으며 공중에는 그를 위해 천개(天蓋)가 씌워져 있었다. 그의 시종으로 신임이 두터운 자들이 있었는데 어떤 이는 재물이나 황금을 세고 어떤 이는 서류를 작성하고 어떤 이는 이자를 가지고 투자하고 있었다.

한편 가난한 남자는 그곳의 호화로운 저택을 보고 '이곳은 도대체 어디인가? 이 사람은 왕인가, 아니면 대신인가?' 하고 생각하였다. '여기 있다가는 재앙이 미칠지도 모르고 붙잡혀 강제로 일하게 될지도 모르니 그 전에 피하자'고 생각한 그 남자는 가난한 사람들이 사는 곳으로 달아나려고 했다. 부호는 자기 아들을 알아보고 의자 위에서 크게 기뻐했다. '저 가난한 남자를 데리고 오너라' 하며 심부꾼들을 보냈다. 그들은 곧 그 남자를 데려왔는데 그 남자는 붙잡히자마자 '분명히 자객이 온 것이다. 이제 입을 것이나 먹을 것이 무슨 소용이 있으랴' 이렇게 생각하고는 실신해 버렸다. 현명한 부호는 그를 보고 '이 어리석은 아이는 지혜가 없어서 천한 것을 바라고 있다. 부귀영화가 자기 것이지만 그것을 믿지 않을 것이다. 내가 자기 부친이라는 것도 믿지 않을 것이다.'라고 생각했다.

그래서 곱사, 애꾸, 절름발이 형편없는 옷을 입은 사람, 피부색이 검은 사람, 천한 사람들을 고용해서 그 남자를 데리고 와서 그 사람들 밑에서 일하게 했다. 대소변으로 더러워지고 악취를 풍기는 쓰레기통을 청소한다면 두 배의 임금을 주겠다고 했다. 그 말을 듣고 가난한 남자는 그렇게 하기로 하고 맡은 곳을 깨끗이 청소하며 부호의 저택 근처 작은 창고에 머물렀다. 부호는 '천한 것을 바라고 있는 내 아들이 쓰레기통을 청소하고 있다'고 생각하면서 통풍구나 높은 창에서 늘 그를 지켜보았다. 부호는 바구니를 들고 더러운 옷을 걸치고는 그 남자 곁으로 가서 '그대는 일하는데 힘이 많이 들겠구나. 그대에게 두 배의 임금을 주겠다. 그리고 발에 바르는 기름도 두 배로 주겠다. 또 소금이 들어간 음식물과 야채며 천도 주겠다.' 이렇게 말한 뒤 현명한 부호는 '그대는 이곳에서 정말 일을 잘한다. 분명히 그대는 나의 아들이다. 의심의 여지가 없다'고 하며 부드러운 말로 그를 달랬다. 부호는 저택으로 조금씩 그를 들어오게 해서 일을 시켰다.

만 20년 동안 부호는 이렇게 서서히 자기를 신뢰할 수 있도록 그 남자를 대했다. 부호는 황금이나 진주 등을 저택에 비장하고 있었는데 모든 재산을 그 남자에게 관리시켰다. 그러나 어리석은 그 남자는 저택 밖의 작은 창고에서 혼자 살면서 '나에게는 이런 재물이 하나도 없다'고 하며 자신이 가난하다고만 생각했다. 부호는 그의 생각을 알아차리고 '내 아들이 큰 생각을 하게 되었다. 친구나 친척들을 모이게 해서 모든 재산을 그에게 물려주자'고 생각했다. 부호는 왕과 마을사람들 그리고 많은 상인들을 초대해서 그들이 모인 가운데 이렇게 말했다. '이 아이는 오랫동안 잃어버렸던 내 아들입니다. 만 50년 동안 찾아다녔는데 다시 만난 뒤에도 또 20년이 지났습니다. 제가 있던 어떤 마을에서 이 아이를 잃어버렸는데 이 아이를 찾아다니다가 여기까지 오게 되었습니다. 이 아이는 내 모든 것의 소유자입니다. 나는 이 아이에게 모든 것을 남김없이 물려주겠습니다. 그는 내 재산으로 사업을 할 수 있으며 이 저택에 딸려 있는 것들은 모두 그에게 줍니다.'라고. 그 남자는 과거 가난했던 때를 생각했다. 그리고 천한 것을 바라는 자신의 성격과 부친의 덕을 생각하면서 저택에 딸려 있는 모든 것을 얻게 되었으니 얼마나 행복한가.'라고 하며 일찍이 느끼지 못했던 행복감에 빠졌다.

여기서 부친은 부처님을 나타내고 자식은 본래 불자이자 보살임에도 불구하고 대승을 멀리하고 있음을 나타낸다. 그것이 부처님의 방편에 의해서 대승불교로 유인되었던 것이다. 이 외에도 '삼초이목'(三草二木)[3]의 비유, '화성유'(化城喩)[4]의 비유 등등 정교한 비유가 설해져 있다.『법화경』은 그와 같은 풍부한 문학성 때문에 사람들에게 널리 친근하게 알려지게 되었던 것이다.

부처님의 출세의 본회(本懷, 숙원)는 '개시오입(開示悟入)'에 있다

이들『법화경』의 비유가 제시하고 있는 것은 확실히 일승이라는 것, 요컨대 인간은 누구라도 부처가 될 수 있다는 것이지만 결코 그것만이 아니다. 오히려 부처님의 우리들에 대한 자비는 각종의 방편을 궁리하여 구제하려고 할 정도로 깊은 것이라는 것을 시사하고 있는 것이다. 역시 여기서도 주제는 부처님의 대자대비의

---

3) 법화 7유의 하나. 「약초유품」에 나오는 이 비유는 중생을 초목에 비유하고 있으며, 부처님의 자비를 대상을 분별하지 않고 내리는 빗물에 비유하고 있다. 「약초유품」의 전체적인 해석에 대해 천태는 두 가지 견해를 밝히고 있다. 첫째 이행과(理行果)로 약을 삼는다고 해석하는 경우다. 이것은 이치와 수행과 그 결과로 약을 삼는다는 뜻인데, 여기서 이치는 회삼귀일(會三歸一)의 가르침을 말하는 것이자, 일체 모든 존재는 본질적으로 공하다는 점을 말한다. 행은 수행을 지칭하는데『법화경』에서 중시하는 수행은 우선『법화경』을 받아 지니고 읽고 암송하고 해설하고 사경하는 것이다.『법화경』「분별공덕품」에 의하면 수회, 독송, 설법, 겸행육도, 정행육도를 실천하는 것이다. 그러한 결과, 얻어지는 과보는 일승의 세계요 제법실상의 세계다.
4) 법화 7유의 하나. 여러 사람이 보배가 있는 곳을 찾아가다가 그 길이 험악하여 사람들이 피로해 하므로, 그때 길잡이를 하던 사람이 꾀를 내어 신통력으로 임시로 큰 성을 나타내서 여기가 보배가 있는 곳이라 하니, 여러 사람은 대단히 기뻐하여 이 변화하여 만든 성[化城]에서 쉬었다. 길잡이는 여러 사람의 피로가 회복된 것을 보고는 화성을 없애버리고, 다시 참으로 보배 있는 곳에 이르게 하였다 한다. 화성은 방편교의 깨달음에, 보배 있는 곳은 진실교의 깨달음에 비유한 것으로『법화경』제3권에 나온다.

심화인 것이다.

가령 「비유품」에는 '지금 이 삼계는 모두 나에게 있고 그중의 중생은 나의 자식이며 게다가 지금 이곳은 많은 환란이 있고 오직 나 혼자만 중생의 구제를 행할 수 있다.'는 유명한 말도 있다. 모든 사람들을 자신의 자식이라고 하는 부처, 자신에게 등을 돌려서 떠난다고 해도 지그시 지켜보고 인도하는 부처가 강조되고 있다.

이와 같이 『법화경』의 일승사상이란 실은 부처님의 대비의 사상과 다름 없다. 따라서 『법화경』에 의하면 석존이 이 세상에 나오신 진정한 의도[출세간의 본회]도 철두철미하게 고뇌를 껴안고 사는 사람들을 위한 것이다. 부처님은 일대사인연(一大事因緣, 유일한 이유) 때문에 이 세상에 나오셨다. 그것은 모든 사람들에게 '부처님의 지견'(부처님의 깨달음 그것)을 얻게 하기 위해, 제시하기 위해, 깨닫게 하기 위해, 깨달아 들어가게 하기 위한 것이라고 말한다(이것은 한역에 의해서 '개시오입(開示悟入)'이라 말해지는 바이다).

『법화경』에 설해진 구원(久遠)의 사랑

후반으로 들어가면 『법화경』의 교주인 석가모니불은 실은 구원불(久遠佛)임을 밝히고 있다. 구원불이라고 하면 주로 지금부터 이후로 영원의 존재라는 이미지로 포착되지만, 『법화경』에 있는 구원의 의미는 약간 다르다. 오히려 구원이 옛날에 부처가 된 존재라는 의미이다. 한편 그 미래로 향한 영원성은 수명무량(壽命無量)에 의해서 표현된다.

구원불의 사상은 다음과 같이 설명된다. 우선 「종지용출품(從地涌出品)」에서, 다른 세계에서 온 보살들이 이 사바세계(娑婆世界, 사바라는 것은 산스크리트어의 음사로서 원래는 인내한다는 것을 의미하기 때문에 忍土라고 번역된 적도 있었다. 이 지상을 의미한다)에서 포교를 베풀었다. 석존은 그들의 포교를 말리면서 이 사바세계에는 원래 많은 보살들이 머물고 있고 그들이야말로 자신의 뒤를 이어서 포교에 종사할 것이라고 말한다. 그때 무수한 보살들이 대지에서 솟아올랐다. 석존은 이들 보살들이 처음부터 나에 의해서 교화되었다고 명언하지만, 사람들은 깨달음을 연 지 얼마 되지 않은 석존에게 이와 같이 많은 숙련된 제자들이 있다고는 생각되지 않는다고 의문을 갖는다.

『법화경』「종지용출품」을 이어서 「여래수량품(如來壽量品)」에서 그 의문을 해소시키는 여래의 존재방식이 밝혀진다. 즉 석존을 석가족에서 출가하여 가야의 땅에서 깨달음을 열었다고 보지 않는다. 이미 석존이 깨달음을 열고 나서 영겁의 시간을 거쳤다는 것으로 설명되는 것이다.

이와 같이 나는 성불한 이래 아주 오랜 시간이 지났으며, 수명은 무량의 아승기겁이며 항상 머물러 소멸하지 않는다.

역사상의 석존, 신체라는 형태를 가지고 현현한 석존은 실은 성불하고서부터 이후 구원의 시간을 경과하는 부처에 다름 아니며 그 구원불이 우리들을 위해서 지상에 오셨던 것이 역사상의 석존에 다름 아니라고 밝혔던 것이다.

결국 구원실성(久遠悉成, 아주 오래전에 이미 부처가 되었다)의 석가모니를 설한다는 것은 거의 무시이래 이 세상에 부처님의 대비가 비쳐지고 있음을 설한 것이기도 하다. 『법화경』은 일련(日蓮) 및 그 외의 스님에 의해서 일면적으로는 전투적인 이미지에 의해서 채색되었지만 실은 오로지 부처의 자비를 설한 경전인 것이다.

타자의 구제라는 사명

『법화경』의 또 하나의 중요한 주제는 보살의 사명을 설한 것이었다. 「법사품(法師品)」에는 '여래의 사도(如來使)'로서의 보살이라는 것이 설해져 있다. 부처가 입멸한 뒤 경전의 한 구절만이라도 수지하고 선포하는 자는, 사람들을 구제하기 위해서 부처의 세계에서 이 세상으로 파견된 부처의 사도이며 여래의 사도라고 찬탄되는 것이다.

이 품에는 '홍교(弘教)의 삼궤(三軌)'라 불리는 법을 설할 때 지켜야 할 것이 설해져 있다. 그것은 여래의 방으로 들어가 여래의 옷을 입고 여래의 방석에 앉아서 두려움 없이 법을 설한다는 것이다. 여기서 여래의 방이란 대비심(大悲心), 여래의 옷이란 인욕(忍辱), 여래의 방석이란 공성(空性)의 상징이다. 대비심과 인욕과 공성을 가지고 법을 설하는 것이다. 역시 공성을 본체로 하고 있는 것은 빠지지 않는 것이다.

한편 「권지품(勸持品)」에서는 악한 세계에서 포교의 사명이 설해진다. 특히 그 사명을 받은 보살의 고난과 순교가 강조되고 보살들은 인란포교(忍難布敎, 어려움을 견디고 중생들에게 포교하는 것)의 서원을 세운다. 이러한 강렬한 보살의 사명감의 교설은 옛날부터 많은 사람들의 마음을 흔들었던 것이다.

다만 『법화경』을 선포한다고 하는 것은 도대체 어떠한 것일까? 이미 앞에서도 기술한 바와 같이 그것은 부처의 출세간의 본회(本懷, 숙원)의 실현에 참여하고 있는 것 이외에는 없을 것이다. 즉 다른 모든 사람들이 부처님의 지혜를 개발해 가는 것이다. 그렇기 때문에 부처의 대비심이 있다는 것을 말하고, 부처의 지혜의 현성을 기원하고, 그것에 무엇인가 재물로 도와주는 것 이외는 없다. 그것은 '나는 당신을 경시하지 않습니다. 당신은 경시되어서는 안 됩니다. 모두 보살행을 행하여 깨달음을 완성하고, 부처님이나 여래가 되는 것이기 때문'이라고 다만 오로지 합장 예배하는 저 상불경보살(常不輕菩薩, 131쪽)의 행에서 순수하게 드러나고 있는 것이다.

5. 『무량수경』의 구원

『무량수경』과 아미타불

다음으로 『무량수경』을 살펴보자. 『무량수경』은 뒤에 중국이나 한국 그리고 일본에 널리 유포된 정토교(淨土敎)의 근본 성전이다. 정토교는 일반적으로 정토삼부경(淨土三部經)이라 하여 『무량수경(無量壽經)』·『관무량수경(觀無量壽經)』·『아미타경(阿彌陀經)』을 소의의 경전으로 한다.『관무량수경』이나『아미타경』이 극락정토의 양상이나 정토왕생의 수행방법을 설한 것에 대해서,『무량수경』은 아미타불의 본원(本願, 수행에 들어가는 최초에 장차 실현해야 할 것을 서원하는 것)을 밝히는 경전이다. 그 의미에서 정토교의 가장 근본이 되는 경전이다.

아미타불의 이름은 무량광(無量光, amitabha)·무량수(無量壽, amitayus)라는 의미의 산스크리트의 음사이다.『법화경』에도「여래수량품(如來壽量品)」의 '자아게(自我偈)'에 구원실성(久遠悉成)의 석가모니에 관해서 '나의 지혜의 힘은 이와 같다. 지혜의 빛 비추는 것이 무량하며 수명이 무수겁인 것은 오랜 업을 닦아서 체득한 것이다.'라고 기술한다. 그 무량광·무량수라는 부처님의 존재방식을 그대로 이름 지은 것이 아미타불이다.

이 아미타불의 본생담은 실은 몇 개 정도 만들어지며, 아미타불의 전신은 오늘날 알려진 법장보살(法藏菩薩)이라는 호칭이 처음부터 정해져 있었던 것은 아니었다. 그것이 차례로 법장보살과의 관계를 강화하고 본원도 48원으로 성장해 간다. 그것을 완성한 것이 현재 유포되고 있는『무량수경』이다.

『무량수경』은 중국에는 12개의 번역본이 있었다고 하지만 오늘날에는 다섯 개의 번역만이 남아 있다. 그 가운데 일반적으로는 강승개(康僧鎧) 번역의『불설무량수경(佛說無量壽經)』(252년)을 사용하고 있다. 이미 기술한 바와 같이(138쪽) 아미타불은 원래 어느 나라의 국왕으로 그 국왕은 세자재왕불(世自在王佛)을 보고서 발

심하여 법장보살이 되었던 것이다. 그와 같은 것을 경전은

> 한때 어떤 국왕이 있어 저 부처님의 설법을 듣고서 마음으로 기뻐하고, 무상정진도(無上正眞道)의 마음을 일으켜 나라를 버리고 왕위도 버리고 수행하여 사문이 되었다. 이름 하여 법장이라 한다(나카무라 하지메 · 하야시마 고우쇼 · 기노 가즈요시 역주, 이와나미문고 『정토삼부경』상. 이하 같다).

라고 기술한다. 무량정진도의 마음이란 무상정등각(無上正等覺, 아뇩다라삼먁삼보리)을 실현하고 싶다는 각오인 것이다. 법장이란 다르마카라(Dharmkara) 즉 진리의 근원 혹은 진리의 광맥이라는 의미이다.

극락정토의 완성

법장보살은 어떠한 국토를 완성했는가? 오겁(五劫)이라는 긴 시간에 걸쳐 사유하여 본원을 세우고, 더욱이 무한이라고도 말할 수 있는 긴 시간에 걸쳐 수행하여 서원하는 그대로의 국토를 완성했던 것이었다. 그 수행에 관해서는 '불가사의의 전조의 영겁에 있어서 보살의 무량한 덕행을 쌓았기 때문.' 혹은 '무앙겁수(無央劫數, 길고 먼 시간)에 걸쳐 공을 쌓고 덕을 쌓는다. …' 등으로 기술한다. 거의 무한의 시간에 수행을 쌓았다는 것이다.

이렇게 해서 '법장보살은 지금 이미 성불하여 현재 서방정토에

머물고 계신다. 이곳을 가는데 걸리는 시간은 10만 억찰이다. 그 부처님의 세계를 이름하여 안락이라 한다.', '성불한 이래 대략 10 겁을 지난다.'라고 기술한다. 안락은 보통 극락이라 한다. 극락은 아미타불 정토의 고유명사이다. 부처님에게는 그 부처님 자신의 불국토가 있다. 약사여래의 정토는 정유리광왕(淨瑠璃光王)이라 한다. 그와 같이 아미타불의 정토를 특별히 극락이라고 하는 것이다. 그런데 아미타불 및 극락은 법장보살의 본원이 완성한 것이다.

그렇다면 도대체 본원에는 어떠한 것이 있을까? 저 친란성인(親鸞聖人, 1173~1262)은 48원 가운데 처음은 제19원에 의해, 다음은 제20원에 의해, 마지막은 제18원에 의해서 구원을 받았다고 한다. 이것을 '삼원전입(三願轉入)'이라 한다. 이 삼원(三願)을 사례로 법장보살의 본원의 참모습을 살펴보자.

제19원—여래가 맞이하다

우선 제19원은 다음과 같다.

제가 부처가 될 적에, 시방세계의 중생들이 보리심을 일으켜 모든 공덕을 쌓고, 지성으로 저의 불국토에 태어나고자 원을 세울 때, 그들의 임종 시에 제가 대중들과 함께 가서 그들을 마중할 수 없다면, 저는 차라리 부처가 되지 않겠습니다.

물론 여러 가지 공덕을 닦는다는 것은 염불의 수행뿐만 아니라 각종의 수행을 행했다고 할 수 있을 것이다. 그 사람이 진심으로 정토에 태어나고 싶다고 서원한다면 반드시 임종 시에 여래가 마중을 와서 정토로 이끌어 가는 것이다.

실제 일본의 초기 정토교에서는 임종하는 순간 아미타불의 마중이 있으면 구제를 받는다고 생각했던 것이다. 그렇기 때문에 원신(源信, 일본 정토교의 근간을 이루는 천태 스님으로『왕생요집』의 저자, 942~1017) 이전에는 염불하는 사람이 죽었을 때 동지들이 모여서 여래가 마중을 왔는가, 오지 않았는가를 검증하기도 하였다. 또한 왕가의 귀족들은 임종 시에 자신의 손과 아미타불 불상의 손을 오색의 실로 묶어두고 염불성(念佛聖)들의 염불의 합창을 들으면서 죽어갔다.

이 제19원은 정토왕생을 기대케 하는 것으로 민간에 상당히 많이 침투하였지만, 여래가 와서 맞이하지 않으면 구제되지 않는 것이기 때문에 더욱 확실한 구제가 희망되었을 것이다.

제20원-염불수행

다음으로 제20원은 다음과 같다.

제가 부처가 될 적에 시방세계의 중생들이 제 이름을 듣고 저의 불국토를 흠모하여 많은 선근공덕을 쌓고, 지성으로 저의 나라에 태어나고자 마음을 회향할 제, 그 목적을 이루지 못한다면, 저는 차라리 부처가 되지 않겠습니다.

여기서 아미타불의 명호를 듣고 정토왕생을 서원하여 모든 수행을 행하는 것이 전제가 된다. 명호를 듣고서 하는 수행이라면 그 중심은 염불일 것이다. 주로 염불을 닦아서 정토에 태어나고 싶다고 진지하게 서원하면 반드시 그것은 성취된다.

하여튼 여래의 마중 여부와 상관없이 정토왕생이 보증되었던 것이다. 그러나 주로 염불을 닦는다고 하는 것이 그 전제가 되고 있다. 게다가 그것은 어느 정도까지 좋은 것인가는 알 수 없다. 그렇다면 이 제20원도 범부에 있어서는 충분하게 정토의 보증을 부여받은 것은 아닌 것이 된다.

제18원-오직 한 번만의 염불

수행을 스스로 완수할 수 있는 사람은 그럼에도 불구하고 제19원이나 제20원으로 구제에 대한 희망을 가질지도 모른다. 그러나 그러한 힘이 없는 자는 도대체 어떻게 구제받으면 좋을까? 아미타불의 대비는 절벽 위에 있는 사람보다도 오히려 강물에 빠진 사람들에게 향하고 있는 것이다. 그것은 48원 가운데 어디에서 구가되는 것일까? 이 추구의 막다른 곳에서 찾아낸 것이 제18원이었다. 그것은 다음과 같다.

제가 부처가 될 적에, 시방세계의 중생들이 저의 나라에 태어나고자 신심과 환희심을 내어 제 이름을 다만 열 번만 불러도 제나라에 태어날 수 없다면, 저는 차라리 부처가 되지 않겠습니다.

여기에는 역시 여러 선행들을 닦아야 할 것은 설해져 있지 않다. 다만 '내지 십념(十念)' 요컨대 10회 정도 염불하면 반드시 정토로 돌아간다고 하는 것이다. 실은 산스크리트 원문에 의하면 '내지 십념'이란 '불국토에 태어나고 싶다.'는 '마음을 일으키는 것이 열 번 반복하는 것에 지나지 않았다고 해도'라는 조건이 주어져 있다. 한역과는 상당히 다르지만 중국이나 한국 그리고 일본에서는 이 한역의 문장에서 10회 정도의 염불에 의해서 구제는 완성된다고 읽었던 것이다.

그 염불도 관상의 염불이나 억념(憶念, 마음속에 부처님의 모습을 떠올려서 생각한다든지 하는 본래의 염불)이 아니라 다만 나무아미타불(南無阿彌陀佛)의 여섯 명호를 입으로 칭하는 염불도 괜찮다고 하고, 내지 십념을 다념(多念) 내지 십념보다는 일념 내지 십념(乃至는 ~으로부터 ~까지라는 의미)으로 읽고서 1회라고 해도 좋다고 하는 설명조차 나온다.

이렇게 해서 제18원에 근거하여, 마음에 무엇인가를 관찰하는 수행과 같은 곤란한 수행이 아니라, 쉬운 수행[易行]으로서의 정토교가 확립되어 갔던 것이다. 덧붙여서 『무량수경』 권하에는

시방 항하의 모래 수만큼이나 많은 부처님과 여래는 모두 함께 무량수불의 위신공덕의 불가사의한 것을 찬탄하도다. 그렇기 때문에 모든 중생은 그 무량수불의 명호를 듣고서 신심으로 환

희하고 한결같이 굳은 마음을 견지해야 할 것이다. 지극한 마음
으로 회향하여 저 국토에 태어나고 싶다고 서원하면 곧 왕생을
얻고 불퇴전의 지혜에 머물 수 있는 것이다.

라고 기술한다. 여기에는 모든 부처님이 아미타불를 찬탄하는 그
명호를 듣고서 신심이 일어나 환희하는 것을 일념으로 한다면 '즉
득왕생(卽得往生)', 즉시 왕생하는 것이라고 하는 것이 설해져 있
다. 이것도 앞의 제18원 내지 십념을 일념으로 읽고 또 읽는 방식
을 지지하는 것이 된다.

　모든 부처님이 아미타불를 찬탄할 수 있는 것은, 법장보살 자신
이 부처가 되었을 때 그러한 사태를 실현하는 것 같다고 본원에 서
원한 것에 의거한다(제17원 참조). 우리들이 아미타불의 명호를 듣는
것도 실로 법장보살의 본원에 의한 것이다. 그렇다면 우리들이 신심
을 일으켜 환희하는 것도 또한 법장보살의 주선에 의한 것이다.

　지극한 마음[至心]·신심으로 즐거워하는 것[信樂]·불국토에
태어나고자 하는[欲生] 마음, 불순물이 없는 순수한 서원의 마음
을 우리들은 도저히 일으키지 못하며, 이들 마음도 법장보살 즉
아미타불의 청정한 서원의 마음으로부터 우리들에게 되돌려 보내
졌을 뿐이라고 친란은 깨달았다.

　행(行)보다도 신(信, 게다가 여래가 주신 信)의 입장에 선 친란(親
鸞)이지만, 그 근본에는 원신(源信)이 '대비무권(大悲無倦, 큰 자비
의 실천은 쉬지 않는다), 상조아신(常照我身, 항상 나의 몸을 비출 뿐이
다)'[『왕생요집』]이라는 그 아미타불의 대비로 비추어지는 자기의

자각, 본래의 자기의 자각이 있었다. 이렇게 해서 일체의 자력(自力)을 내려놓고 절대 타력(他力)의 정토교를 부르짖었던 것이다. 『무량수경』에서는 대승불교가 인식한 부처님, 그 대비의 측면이 오로지 강조되고 그 관점에서의 불교가 설해진다. 그것은 대승불교가 도달해야 할 하나의 필연적인 형태였을 것이다.

6. 대승경전과 여래장사상

『여래장경』의 비유

이상 대표적인 대승경전의 세계를 살펴보았다. 그 경전들에는 일관해서 '연등불수기(燃燈佛授記)' 이야기를 원점으로 하는 모티브가 흐르고 있음을 알 수 있을 것이다. 즉 다른 부처와 만나서 스스로 부처가 될 것이라고 하고 서원을 세워 수행하여 부처가 되고 다른 사람들을 성불하게 하는 것이다. 그중의 어디에 착안하여 강조하는가에 따라 각각의 경전의 주제는 약간 다르지만 모든 것은 위의 골자 속에 있다고 말할 수 있다. 그리고 그 모티브 자신을 순수하게 강조한 것이 여래장사상이다.

여래장(如來藏)의 원어는 타타가타가르바(tathāgatagarbha)이며, 가르바(garbha)는 모태 혹은 태아를 의미한다. 여래장이란 모든 사람들이 여래의 태아를 지니고 있다고 말하는 것이며, 그 의미는 사람은 이윽고 여래가 될 수 있는 자라고 말하는 것이다.

여래장이라는 말을 처음으로 사용한 『여래장경』은 아홉 개의 비유에 의해서 여래장을 설명한다. 그 첫째 비유는 대략 다음과 같다.

말라 시들어 악취를 풍기는 연꽃의 '꽃받침' 위에 어떠한 이유인 지는 모르지만 여래께서 앉아 계셨다. 그것은 실은 부처님의 신 통력으로 묘출된 것이다. 그 말라 시든 연꽃 속의 여래와 같이 우리들의 번뇌에 의해 더럽혀진 마음속에서 여래가 조금도 미 동도 없이 좌선을 하고 앉아 계셨다. 그렇기 때문에 여래는 번 뇌의 꽃잎을 제거하고 거기에 있는 여래의 지혜를 정화하기 위 해서 법을 설하는 적극적 행위를 하신다.

여기에는 우리들의 번뇌에 물든 마음속에 여래가 앉아 있다는 상 황이 설해져 있다. 그러나 그것만이 아니라 이미 여래가 된 존재 는, 우리들에게 적극적으로 활동을 하여 내적인 여래의 지혜를 개 발시켜 간다는 것도 설해진다. 이것은 다른 비유에도 완전히 같 다. 가령

벌꿀을 채취하려고 하는 사람이 칠흑과도 같은 캄캄한 밤중에 무 리지어 모여 있는 꿀벌들을 몰아내고 벌집에서 꿀을 채집하는 것 처럼, 부처님은 선교방편으로 우리들의 번뇌로 구속되어 있는 부 처님의 본질인 여래의 지혜를 끄집어낸다.

와 같고,

> 의지할 만한 친척도 없고 남에게 미움을 받는 여자에게 왕이 될
> 수 있는 태아가 깃들어 있지만, 여자는 그것을 알아차리지 못한
> 채 자기 자신을 비관하면서 나날을 보낸다. 그와 같이 사람들에
> 게도 여래의 씨앗(種姓)이 깃들어 있음에도 불구하고 알지 못한
> 채 의지할 만한 친척도 없이 생사윤회하고 있다. 거기서 여래는
> 자기 자신을 저열하게 보지 않는 법을 설하신다.

와 같다.

이와 같이 여래장사상의 주제는, 단순히 사람들이 여래가 될 수
있는 씨앗을 지니고 있다고 하는 것만이 아니라 여래의 측에서 왕
성하게 적극적으로 활동을 하여 사람들을 여래로 실현시켜 간다
는 그 여래의 대비(大悲)와 같다. 물론 어떤 사람이 여래가 되었을
때에는 다른 사람들에게 왕성하게 적극적으로 활동을 해 갈 것이
다. 이와 같이 여래장사상의 근본은 여래의 적극적인 작용을 받고
서 여래가 되어, 여래로서 사람들을 여래로 길러내어 간다는, 무한
연환인 것이며 실로 대승불교의 주제를 순수하게 제시한 것이다.

방편으로서의 여래장사상

여래장사상에서 그와 같이 적극적으로 범부의 내적인 여래의
지혜를 설한 것은 어떤 이유가 있기 때문이라고 여래장설 자신이

고찰하고 있다. 『보성론(寶性論)』이라는 여래장의 논서(4~5세기경)는 그 책이 저술된 이유를 다음과 같이 기술한다.

①자신은 깨닫지 못했다고 기가 죽은 마음에 대해서 여래장이 있다고 하여 대용맹심을 일으키게 하고

②발심하여 아직 발심하지 못한 사람들을 깔보는 마음에 대해서는 모든 중생에게 여래장이 있다고 설하여 중생 모두에게 위대한 스승[大師]으로서의 경의를 표하고

③허구의 존재를 실재로서 집착하는 마음에 대해서 반야의 지혜에 의해서 번뇌가 본래 공하다는 것을 설하여 과실을 제거하고

④진실한 법도 없다고 비방하는 사람에 대해서 여래의 후득지(後得智)에 의해서 공(空)이 아닌 여래의 덕성이 있다고 해명하고

⑤강력한 아집에 대해서 자애에 근거하여 자타를 평등하게 사랑하게 하여 그 결과로 부처의 지위로 나아가게 한다.

여기에는 여래장 사상의 주장은 어떤 특정한 목적에 근거한 방편임이 설해진다. 석존은 상대의 능력이나 성격에 응해서 설법을 행하는 것처럼, 특히 니힐리즘에 빠진 자들이나 아집이 강한 자들에게 의미가 있는 가르침이라고 스스로 자각하여 규정하고 있다. 선교방편(善巧方便, 방편에 뛰어난 것을 의미한다. 방편이란 목적지인 깨달음으로 이르게 하기 위한 우회도로를 설정하는 것)이라는 것의 중요

성을 설한, 대승불교다운 사고방식이다.

깨달음의 체험에 의해서 증득된 인간의 내적인 지혜

그렇지만 여래장 사상이 말하는 인간존재에 있어서 부처님의 지혜의 내재란 단순히 방편으로 설한 것일 뿐만 아니라 깨달은 분의 눈에 비친 엄연한 사실이었던 것은 아닐까?『여래장경』에는 '나는 불안(佛眼)을 가지고 일체 중생을 관찰하는데, 탐욕과 성냄과 어리석음이라는 번뇌들 가운데 여래지(如來知)와 여래안(如來眼)과 여래신(如來身)이 결가부좌하여 엄연하게 움직이지 않은 채로 존재한다.'라고 기술한다. 그 원류는『화엄경』「성기품」의 다음의 구절이다.

불자들이여! 여래(如來)의 지혜·무상(無相)의 지혜·무애(無碍)의 지혜는 구족하여 중생 자신 속에 존재한다. 다만 어리석은 중생은 전도몽상의 번뇌에 의해서 알지 못하고 보지 못하며 신심을 일으키지도 못한다. 그 때 여래는 장애가 없고 청정한 천안을 가지고 일체의 중생을 관찰한다. 관찰하고 나서 이와 같이 말씀하였다. '기이하다, 기이하도다! 왜 그런가? 여래가 구족한 지혜는 자신에게 있어도 알지 못하고 보지도 못한다. 우리들은 마땅히 저 중생으로 하여금 성도를 깨닫게 하여 모두 길이 전도망상의 속박을 여의게 하고 모조리 여래의 지혜의 그 몸 안에 존재한다는 것을 보게 하고 부처와 다르지 않다는 것을 자각하게 한다.' 여래는 즉시 저 중생으로 하여금 팔성도를 닦게 하고 허망전도를 떠나게 한다. 이미 허망전도를 떠났으면 여래의 지혜를 갖추고 여래와 동등하게 되어 중생을 요익한다.

『화엄경』도 여래가 사람들을 관찰했을 때 사람들의 몸속(마음의 상속)에 여래가 갖춘 지혜와 전혀 다르지 않은 지혜가 존재하는 것을 보고서 '기이하다, 기이하도다!'라고 절규했다고 한다. 그것은 실은 『화엄경』의 작자 자신의 깨달음의 체험이 증득한 사실이었던 것은 아니었을까?

대승경전은 석존을 찬탄하는 보살(대승교도)들의 종교체험의 메시지이며 특히 대비의 비춤을 받고서 대비를 전환하는 주체를 실현해 간다고 한다. 그 골자를 간과해서는 안 된다. 대승의 입장은 아법이공(我法二空)을 철저하게 설한다. 그 아법이공, 또는 일체법의 공성은 깨달음 속에 실현된다. 부처란 이것을 원만하게 깨달은 분이다. 그 부처님 사상의 내용은 또한 대비심 그것에 다름 아니라는 것을 대승경전은 한결같이 말하고 있다.

4장

공의 논리

중관파의 철학

1. 나가르주나와 『중론』

중관파와 유가행파

석존의 설법(=『아함경』)으로부터 아비다르마의 이론체계가 정리되고 있었던 것과 마찬가지로, 대승의 경전을 기반으로 하면서 철학적인 사상체계가 정리되어 갔다. 그것은 중관파(中觀派)와 유가행파(瑜伽行派)의 2대학파로 확립되었던 것이다.

중관파는 나가르주나(龍樹, 150~250)를 조사로 하는 학파이며, 『중론(中論)』를 근본성전으로 하여 중(中) 혹은 공(空)의 이론을 밝히고 있다. 『중론』에는 '가는 것은 가지 않는다.'라든가 '보는 작용은 보지 않는다.'와 같은 역설적인 표현이 여러 곳에 보인다. 일상 언어표현(혹은 실체론에 기반한 언어표현)이 모순을 포함하고 있어서 해체되지 않으면 안 된다는 것을 종횡으로 논하고, 최고의 진리인 승의제(勝義諦)가 있는 곳을 가리키고 있다. 그것은 실로 대승불교철학의 근본에 위치하는 논서(論書)였다.

한편 유가행파는 유식학파라고도 한다. 유식교학은 대승공관(大乘空觀)을 언급한 아비다르마(abhidharma)의 재해석이라고 해야만 한다. 마이트레야(彌勒), 아상가(無著, 395~470), 바수반두(世親, 400~480)가 이 사상의 대성자이며, 아상가의 『섭대승론(攝大乘論)』과 바수반두의 『유식삼십송(唯識三十頌)』 등을 근본성전으로 한다.

유식(唯識)은 세계는 '오직 식이 현현한 것'일 뿐 아(我, 자아)와 법(法, 세계의 구성요소) 모두 실체로서는 존재할 수 없다는 것을 현상에 나아가 설명한다. 그렇기 때문에 의식 아래의 아뢰야식(阿賴耶識, 제8식)과 같은 심층 식을 설정하기도 한다. 중관파가 주로 부정적 표현으로 시종일관하면서 오로지 승의제를 지시하려고 하는데 반해, 유식학파는 아뢰야식을 포함한 8식을 세우면서 세계의 존재방식과 윤회의 양상 그리고 수도의 방법 등을 설명하려고 한다.

이 두 학파는 특히 후세에 이르게 되면 더욱더 격렬하게 논쟁한다. 무엇보다도 중관파 쪽에서 유가행파의 설을 저급한 것으로 위치 지으면서 그것을 정당화하려고 하는 문헌이 많지만, 유가행파 쪽에서 중관파를 공격하려고 하는 것은 그다지 많지 않다는 인상을 받는다.

그와 같이 중관파는 격렬하게 유가행파를 공격하지만, 양자는 서로 보완하는 관계에 있다고 생각된다. 왜냐하면 조금 앞서 기술한 바와 같이, 중관파는 오로지 승의제의 표현에 문제의 중심이 있음에 반해, 유가행파는 현실세계의 일단의 분석과 설명에 관심의 중점이 있기 때문에 반드시 동일한 지평에 두고서 서로 대치하는 것은 아니라고 생각되기 때문이다. 게다가 유가행파는, 최고의 진리로서는 중관파가 설하는 것을 인정하고 있음에 틀림없다.

하여튼 우리들은 이 양자를 대승불교 철학의 대표라고 보아도 무방하다. 본 장에서는 이하 나가르주나의 『중론』을 중심으로 중관파의 사상을 살펴보고, 다음 장에서는 유가행파의 사상을 살펴보고자 한다.

대승의 조사(祖師), 나가르주나

나가르주나가 8종의 조사라고 불리는 것은 잘 알려져 있다. 정토진종이나 진언종 나아가 모든 종파에서 나가르주나는 조사이다. 실로 대승사상의 연원이라 불러도 어울리는 철학자라고 할 수 있다.

이 고매한 불교철학자 나가르주나에게는 흥미로운 전기가 남아 있다. 『용수보살전(龍樹菩薩傳)』(구마라집 한역)에 의하면, 그는 남인도의 바라문 출신으로 대단히 우수한 정신의 소유자였다. 벗 세 사람과 함께 은신술(隱身術, 몸을 숨기는 기술)을 체득하자마자 왕궁으로 몰래 숨어 들어가서 미녀들과 격렬하게 사랑을 나누었다고 한다.

그 와중에 왕궁의 궁녀들 가운데 아기를 밴 사람들이 속출했다. 이것은 은신술을 구사하는 자의 소행일지도 모른다고 생각했기 때문에 왕은 경계를 강화했다. 어느 날, 네 사람의 흔적이 발각되자, 왕은 병사들을 이끌고 왕궁으로 들어가 모든 문을 닫게 한 뒤, 병사들로 하여금 창으로 허공을 가르게 했다. 나가르주나의 벗 세 사람은 곧 죽임을 당하지만, 나가르주나는 왕의 지근거리에 있었기 때문에 목숨을 건질 수가 있었다. 이 순간 나가르주나는 '욕망은 괴로움의 근본이며, 모든 재앙의 뿌리이다. 덕을 무너뜨리고 몸을 위태롭게 하는 것은 욕망으로부터 일어나는 것이다.'라고 처음으로 깨닫고서 출가를 결심했다고 한다.

이것은 나가르주나의 출가 이전의 이야기지만, 은신술을 구사한다고 하는 것은 어쩐지 나가르주나의 공사상을 상징하고 있는 것처럼 여겨진다. 몸을 숨기기 위해서는 무상(無相)의 상이 제시되기 때문이다. 이 『용수보살전』에서는 또한 나가르주나가 대룡(大龍)인 보살에게 바다로 이끌려가서 궁전 안에서 심오한 대승경전을 전수받았다고 하는 이야기도 나온다. 『용수보살전』은 이들 기묘한 이야기로 가득 차 있어 너무나 재미있지만, 그것이 어느 정도 역사적 사실을 기반으로 하는지는 헤아리기가 어렵다.

나카무라 하지메(中村元)는 그 외 티베트 자료인 부똥(1290~1364)의 『불교사』와 타라나타(1575~1615)의 『불교사』 등을 참조하여, 이들 텍스트에 공통적인 점으로서 다음과 같은 것을 제시하고 있다([인류의 지적유산 13 『나가르주나』 고단샤, 현재는 고단샤학술문고 『용수』).

첫째, 그는 남인도와 관계가 깊다. 그래서 남인도의 사타바하나 왕조와 관계가 있었을 것이다.

둘째, 그는 바라문 가문에서 태어났다.

셋째, 그는 박학다식하여 (특히 바라문의) 각종의 학문을 수학했다.

넷째, 그는 일종의 연금술을 체득했다.

덧붙여 연금술을 추구하는 시바교(힌두교 가운데 시바신을 숭배하는 유파)의 일파인 수은파(水銀派)는 나가르주나라는 유명인을 개조로 하고 있는 파이다. 수은파는 수은을 불사의 약으로서 사용하며 시바신과의 합일을 추구했던 것이다. 하여튼 이들 여러 기술에 의하면, 나가르주나는 바라문의 사상을 배웠지만 만족하지 않고 대승불교에 자신의 모든 것을 던졌음을 알 수 있다.

나가르주나의 저작

나가르주나의 저작으로는 우선 『중론』을 들지 않으면 안 된다. 그렇지만 보통 말하는 『중론』이란 한역인 핑갈라(靑目, 300년 전후)의 주석에 관한 것이다. 따라서 실제로 나가르주나가 저술한 것은 그 가운데 게송(시)뿐이기 때문에 『근본중송(根本中頌)』이다. 이 『근본중송』에 대해 붓다팔리타(佛護, 470~540), 바비베카(淸辨, 490~570), 찬드라키르티(月稱, 600~650년경)와 같은 중관파의 쟁쟁한 사상가들이 주석서를 썼다. 그 가운데 찬드라키르티의 주석서 『프라산나파다(청정한 언어)』는 산스크리트본이 전해지고 있다.

그 외 『육십송여리론(六十頌如理論)』, 『공칠십론(空七十論)』 등 『중론』과 같은 사상을 전하는 것이 있다. 한역 『십이문론(十二門論)』도 나가르주나의 저작이라 전해진다. 또한 논쟁이 귀결되어야 할 곳을 제시하는 『회쟁론(廻諍論)』이라는 작품도 있다. 특히 한역만으로 전해지는 중요한 것으로 『반야경(般若經)』의 주석인 『대지도론(大智度論)』(智度는 般若波羅蜜을 의미한다), 『십지경(十地經)』(『화엄경(華嚴經)』「십지품(十地品)」)의 주석인 『십주비바사론(十住毘婆沙論)』이 있다. 그렇지만 이들 저작들은 참으로 나가르주나의 진작인지 어떤지에 관해서 학계에서는 여러 논란이 있지만, 『십주비바사론』만은 그의 저작이라고 인정하는 사람들이 많다.

또한 나가르주나에게는 『벗에게 띄우는 편지(勸誡王頌)』, 『보석의 나열(寶行王正論)』이라는 서간 형식의 작품도 있다. 이들 저작들은 왕에 대해서 『중론』에서 말하고자 하는 철학사상과 함께 정치의 핵심 등을 설한 것이다. 그때 왕이란 남인도의 세타바하나 왕조의 국왕(일설에는 까우따미푸트라왕. 2세기)이라고 추정된다. 그 외에도 각종의 저작들이 전해지고 있지만, 역시 뭐니 뭐니 해도 나가르주나하면 『중론』이 주저임을 부인할 수 없을 것이다.

2. 연기에서 공으로

연기관은 자연히 공관으로

『중론』은 전체 27장으로 구성된다. 거기에는 인과관계·운동·인식·행위·시간·존재 등을 둘러싼 예리한 논의가 전개된다. 이 가운데 제26장은 '십이지(연기)의 고찰'이라 불리는 장이다.

그러므로 무지한 자는 생사윤회의 근본인 여러 행위들(상스카라)을 영위한다. 따라서 무지한 자는 (업을) 짓는 자이다. 지혜로운 자는 (업을 짓는 자가) 아니다. 왜냐하면 그는 진실을 보기 때문이다(제26장, 10).

무명이 소멸했을 때, 여러 행위들의 산출은 없다. 한편 무명이 소멸하는 것은 지혜에 의한 이것(연기)의 수습 때문이다(제26장, 11).

십이연기는 무명이 있기 때문에 고통스러운 삶이 있다는 것을 추적하는 것이었다. 그래서 무명을 소멸시킬 수만 있다면 인과관계의 순서를 거쳐서 고통뿐만 아니라 그 외의 어떠한 것도 없는 생존마저도 소멸시킬 수 있는 것이다.(1장 49쪽 참조) 무명을 소멸한다고 하는 것은 지혜에 의한 연기의 수습에 의해서 가능하며, 진리를 직관하는 지혜로운 사람이 되면 무명·고는 소멸하는 것이다.

그렇다면 그 '지혜에 의해서 이것(緣起)의 수습'이라고 하는 것은 구체적으로 어떠한 것일까? 물론 십이연기를 관찰하는 것이다. 그러나 그 경우 단순히 인과관계를 반복해서 깨닫는 것만으로는 무명이 소멸된다고는 생각되지 않는다. 십이연기를 관찰하는 과정에서 연기의 존재방식을 직관하는 것에 있어서, 사물에 실체성이 없다는 것을 통찰함으로써, 무명을 소멸하는 지혜가 생기게 될 것이다.

찬드라키르티는 여기에다 '연기를 바르게 보면, 일체의 존재는 그 자체가 공이라는 것의 진실에 도달하여, 미혹하지 않고 업을 짓지도 않으며, 따라서 무명은 제거된다.'는 취지를 설명한다. 연기의 수습은 모든 사물 그 자체가 공이라는 것을 보는 것까지 도달하지 하지 않으면 안 될 것이다. 여기에 이르러 비로소 진실에 도달하여 업을 짓지 않고 무명을 소멸하여 괴로움을 소멸할 수 있는 것이다. 그렇다면 일체의 사물은 본성상 공이라는 것을 어떻게 관찰해야 하는가? 연기관(緣起觀)은 저절로 공관(空觀)으로 심화되지 않으면 안 된다. 『중론』은 바로 이것을 논리를 다하여 설명하고 있는 것이다. 이하 그 일단을 살펴보자.

있는 것도 아니고 없는 것도 아니다

십이연기로서 말해지는 우리들 생사윤회의 세계에서는, 생성하는 것이 있고 소멸하는 것이 있다. 그렇다면 거기서 생성하는 것은 어떤 특질을 갖는다고 할 수 있을까?

존재는 자기 자신으로부터 생기지 않는다. 타자로부터도 생기지 않는다. 자기와 타자로부터도 생기지 않는다. 그 어떠한 것으로부터 생기는 것이 있을까(제21장, 13)?

여기서 존재라고 번역한 것은 존재하는 것, 개개의 사물이라는 의미이며 존재 그것의 의미는 아니다. 존재하고 있는 것이 만약 이미 그 자체로 존재하는 것이라면, 그 자신으로부터 존재하는 것이 다시 생기지는 않을 것이다.

이전에 매미가 허물 벗는 것을 본 적이 있다. 태양이 저물고 어둠이 드리울 무렵 껍질을 깨고 투명하게 맑고 흰 매미가 나오고 있었다. 얼마 지나지 않아 흰 매미의 몸이 흑갈색으로 변신하는 것이었다. 그런데 매미는 매미로부터 생긴 것일까? 이미 매미였던 것이 그 매미 자신으로부터 다시 매미가 되었다고는 할 수 없을 것이다.

그러나 자신으로부터 생기지 않았기 때문이라고 해서 타자로부터 생긴다고 할 수 있을까? 자신과는 다른 것으로부터 어떤 것이 생길 수 있는 것이라고 한다면, 나비애벌레에서 매미가 생길 수도 있을 것이다. 그러나 그러한 일은 있을 수 없다. 그렇다면 존재하는 것은 자기 자신으로부터도 자기 이외의 타자로부터도 생길 수가 없는 것이 된다. 곰곰이 깊게 반성해 보면 그러한 것으로 되는 것이다.

이것은 다르게 표현하면 다음과 같을 것이다.

> 존재는 유로부터 생기지 않는다. 존재는 무로부터도 생기지 않는다. 비존재는 무로부터 생기지 않는다. 비존재는 유로부터도 생기지 않는다(제21장, 12).

비존재는 본래 생길 수가 없다. 생길 수 있는 것은 존재이지만, 무로부터 존재는 생길 수도 없을 것이다. 한편 존재는 이미 존재하는 것이기 때문에 다시 생길 필요도 없고 생길 수도 없을 것이다. 여기서 논해지고 있는 것은 자체가 있을 수 있는 존재(불변의 본질을 담지한 존재)가 상정되면 변화하여 현상해 가는 세계를 설명할 수 없다는 것이다.

만약 본성상 있는 것이 있다고 한다면 거기에는 무(가 되는 것)는 있을 수 없을 것이다. 왜냐하면 (있다고 하는 그) 본성이 변화하는 것은 결코 있을 수 없기 때문이다(제15장, 8).

본성이 무라고 하면 어떠한 사물의 변화가 있을까? 또한 본성이 유라고 하면 어떠한 사물의 변화가 있을까(제15장, 9)?

이렇게 해서 원래 '에 의해서 생긴다(緣起)'라는 연기의 세계, 우리들의 전변할 수밖에 없는 현상세계에 유(有)인 존재 혹은 무(無)인 존재는 있을 수 없음을 알 수 있다. 실로

『카티야야나에 대한 가르침(迦旋延經)』에서 '있다'와 '없다'라는 두 개의 술어가 유와 무라는 두 개의 극단을 분명하게 통찰한 세존에 의해서 부정되었다(제15장, 7).

는 것이다.

비트겐슈타인과 『중론』

그렇다면 이 생성하고 현상하는 세계를 어떻게 보면 좋을까? 그것에 들어가기 전에 『중론』이 그 밖에도 실체관념을 철저하게 논파하고 있는 사례를 몇 가지 제시해 보자. 우리들은 대개 일반적으로 '나는 본다.', '나는 듣는다.'고 언표한다. '눈이 본다.', '귀가

듣는다.'고 말해도 좋다. 하여튼 주어를 상정해서 그리고 그것이 작용한다고 말한다. 이것은 영어 등에서는 더욱 현저할 것이다.

그러나 이 경우는 작용을 시작하기 전에 나라는 존재와 눈이라는 존재가 있다는 사고방식에 근거하고 있다. 그렇다면 보는 작용 이전의 '보는 것'이란 도대체 어디에 있을까? 안구인가, 안구 속의 망막인가, 시신경인가, 아니면 뇌신경인가?

이렇게 생각하면 가령, 눈이 본다고 과연 말할 수 있는가? 그렇지 않으면 내가 보는 것일까? 나라는 주체가 각종으로 작용하는 것일까?

보기도 하고 듣기도 하는 작용 이전, 걷기도 하고 앉기도 하는 작용 이전, 나아가 잠을 자기도 하고 잠에서 깨기도 하는 작용 이전, 모든 작용 이전의 '나'는 어디에서 찾을 수 있을까? 『중론』 제9장(과거의 존재에 대한 고찰)은 '보는 작용과 듣는 작용보다도, 또한 느낌(감수작용) 보다도 앞서 확립되어 있는 존재는, 그렇다면 무엇에 의해서 가설(假說, 언어표현)되는 것일까?'라는 질문을 던지고 있다.

본다든지 듣는다든지 생각한다든지 하지 않는 일체의 작용을 떠난 존재는, 확실히 확인할 수도 없다. 더구나 그러한 것이 자기(주체)라고 말할 수 있는가? 그것이 문제이다. 금세기 가장 위대한 철학자라고 불리는 비트겐슈타인도

나는 '내가 통증을 느끼고 있다.'라고 말할 때, 나는 통증을 느끼고 있는 그 사람을 지시하는 것은 아니다. 왜냐하면 어떤 의미에서 나

는 통증을 느끼고 있는 사람이 누구인지를 전혀 알지 못하기 때문
이다『철학적 탐구』, 제404절, 구로사키 히로시 역『말할 수 없는 것
에 대해서-비트겐슈타인적 접근』, 게이소쇼보].

라고 말한다. 통증이라는 사실 이외에 그 통증과는 별도로 존재하
는 '통증을 느끼는 사람'은 그 어디에도 보이지 않는다고 비트겐
슈타인은 말한다.
　　나가르주나는 다음과 같이 말한다.

　　보는 작용 등을 떠나서 확립되는 존재(자기)가 존재한다면, 그
　　것(자기)을 떠나서도 그것(보는 작용 등)이 존재할 것이라는 것
　　은 의심할 수 없다(제9장, 4).

'본다'라는 하나의 사실만 보아도 작용을 떠난 주체를 설정하여
그것에 작용이 결합한다고 말하면, 주체와 작용의 이원론이 되며,
양자는 각기 다른 존재로서 독자적으로 존재한다고 인정하지 않
으면 안 되는 것이 된다. 만약 그렇지 않고 주체와 작용은 단절되
어 분리되지 않는 것이라고 한다면, 작용이 한창 진행되는 과정 이
외에 주체는 존재하지 않게 된다. 왜냐하면 작용이 없을 때 주체
도 존재하지 않을 것이기 때문이다.
　　이와 같이 주체와 작용의 관계는 결코 이원론적으로 사고될 수
가 없는 것이다. 구로사키 히로시(黑崎宏)는 앞의 비트겐슈타인의
언어에 관해서 다음과 같이 말한다.

가령, 나 자신이 격렬한 치통을 느낄 때 가령 '나는 치아가 아프다'라고 말해도 그 때 나는 치통 그 자체이다. 치통 외에 '그것을 느끼는 나' 등과 같은 것은 그 어디에도 존재하지 않는다. … '나는 이러이러한 것을 보고 있다.'라고 말할 때도 마찬가지이다. 그때 나는 그 시각 풍경 그 자체이다. 그 시각풍경을 떠나서 '그것을 보고 있는 나' 등과 같은 것은 그 어디에도 존재하지 않는다.

여기서 정리하면 비트겐슈타인과 나가르주나는 함께 서로 손을 맞잡고 있다고 말할 수 있을 것이다.

그러나 우리들은 '나는 …한다.'고 말하는 것처럼 주체로서의 주어를 설정하여 그것에 동사로서 술어화하는 것을 일상적 삶에서 부단히 행한다. 거기서는 실은 무의식 속에 일체의 작용 이전의 나(너, 그 등등)라는 현실세계와는 전혀 교섭하지 않는 실체적 자아를 상정하고 있다. 혹은 원래 모든 작용을 떠난 정지적인 실체가 존재하고 있고, 게다가 그것이 시간에 응하여 작용한다고 하는 치명적인 모순을 태연하게 인정하고 있는 것이다.

주체와 운동의 관계를 어떻게 파악할 수 있는가?

주체와 작용의 관계나 객체와 그 운동의 관계는 어떠한가?

현재 가고 있는 중인 것에 가는 것이 있다고 생각하는 사람에게
는, 현재 가고 있는 중인 것이 가는 것이기 때문에, 가는 것이 없
이 게다가 현재 가고 있는 중인 것이 있다는 오류를 범하게 된
다(제2장, 4).

운동하는 것은 과거에도 없고 미래에도 없다. 지금 운동하고 있는
것을 떠나서 운동하는 주체는 없다. 거기서 운동하는 주체가 운동
한다고 하면, 운동하는 작용 이전에 운동하는 주체가 있는 것이
된다. 일체의 운동 이전의 객체인 것이 원래 운동하고 있는 것으로
되어 버린다. 그러나 그렇게 말해도 좋은 것일까?

현재 가고 있는 중인 것이 가는 것에는 2종의 가는 작용이 결합
하는 것이 된다. 그것은 현재 가고 있는 중인 그 가는 작용과 그
가고 있는 중인 것이 간다고 하는 그것이다(제2장, 5).

이미 운동하고 있는 주체가 운동하는 것이 되면, 하나의 존재에
두 개의 운동이 있게 된다. 그러나 '현재 가고 있는 중인 것에 두
개의 가는 것은 있을 수 없다.'라고 한다면 '현재 가고 있는 중인
것 속에 어떻게 해서 가는 것이 있을 수 있을까?라는 것이 된다(제
2장, 3).

이와 같이 어떤 것이 운동한다고 할 때 현재 이미 운동하고 있
는 것이 있고, 그것이 다시 운동하는 것으로는 되지 않는다. 그렇
지만 현재 운동하지 않는 것에 운동은 있을 수 없다. 지금 현재 운

동하지 않는 것에 대해서는 운동하고 있다고 언표할 수가 없다.

가령, KTX가 굉장한 속도로 달려간다고 일반 사람들은 말한다. 지금 달리지 않는 KTX에 대해서 달리고 있다고는 결코 말할 수 없음에 틀림없다. 그러나 이미 달리고 있는 KTX가 다시 새로이 달리고 있는 것인가? 물론 그러한 것을 의미한다고 해도 달리고 있다고 하는 것은 아닐 것이다. 그렇다면 우리들이 'KTX가 달리고 있다.'라고 할 때, 실은 달리고 있는 KTX를 한 번 멈추어서 그것에 대해서 달리고 있다고 언표한다고 하는 참으로 쓸데없는 짓을 하고 있는 것이다.

이와 같이 어떤 것이 운동한다는 부류의 언어표현은 모두 모순을 범하고 있고, 우리들이 사는 세계의 참된 실상을 제대로 말할 수 없게 된다. 물론 주체와 작용과 마찬가지로 주체와 운동을 이해하는 것도 가능하다. 주체와 운동이 다르다고 한다면 주체를 떠나서 운동이 있고, 운동을 떠나서 주체가 있게 될 것이다. 그러나 운동 그 자체만이 어딘가에 있다고는 생각되지 않으며, 일체의 운동 이전의 주체가 존재하고 있다고 보는 것도 문제이다. 한편 주체와 운동은 하나인 것으로 보면 운동 그것이 주체라는 것이 되어 모순을 낳는다. 양자는 같다고 보아서도 안 되고 다르다고 보아서도 안 되며, 주체와 운동이 그 자신으로서는 성립할 수 없는 것이다.

원인이란 무엇인가, 결과란 무엇인가?

이와 같이 보면 '무엇인가가 있다.', '무엇인가가 움직인다.', '무엇인가가 간다.'와 같은 언어 표현은 파탄을 맞지 않을 수 없다. 그렇다면 우리들의 세계는 어떻게 보면 좋을까? 일반적으로 불교는 세계를 연기(緣起)로서 설명한다고 말해진다. 아비다르마의 세계에서는 동시적인 상의관계를 포함한 다양한 연기의 분석이 이루어지고 있다. 그렇다면 연기란 도대체 무엇일까? 원래 관계를 맺는다는 것은 어떠한 구조를 갖고 있는 것일까?

가령, 인과관계를 예로 들어보면 『중론』은 다음과 같이 말한다.

> 원인과 결과가 하나라고 한다면 생기는 것(能生)과 생기게 되는 것(所生)이 일체가 되어 버릴 것이다. 또한 원인과 결과가 다른 것이라고 하면 원인은 원인이 아닌 것과 같아져 버릴 것이다(제20장, 20).

우유에서 치즈가 만들어진다(매미 유충과 매미라고 해도 무방하다). 이때 누구라도 우유는 원인이며 치즈는 결과라고 생각할 것이다. 여기서 원인과 결과가 같다고 한다면 우유도 치즈도 같은 것으로 되어 버린다. 액체도 고체도 구별할 수 없는 것으로 되어 버리겠지만 그럴 수는 없을 것이다.

그렇다면 원인과 결과는 별도의 다른 것이라고 결정해서 말할 수 있을까? 만약 양자가 서로 다른 것이라고 한다면 치즈에 있어서 다른 것인 사탕수수나 소금과 같이 우유도 치즈로 될 수 없는

가, 또한 치즈에 있어서 다른 것인 우유가 치즈의 원인이 될 수 있기 때문에 다 같이 우유와는 다른 사탕수수나 소금도 치즈의 원인이 될 수 있을 것이다. 그러나 이것도 또한 있을 수 없는 일이다.

그렇다면 원인과 결과는 같다라고도 말할 수 없을 것이고, 다르다고도 말할 수 없을 것이다. 게다가 일상 언어의 '논리적' 차원에서는 같은가 아니면 다른가 둘 중의 하나의 선택지 이외에 제3의 다른 선택지는 존재하지 않는다.

시간적 인과관계의 부정

나아가 『중론』은 이러한 시간적 인과관계는 원래 시간이라는 것의 성격으로부터 성립할 수 없다고 설명한다. 가령,

> 또한 만약 결과가 (인과 연의) 완전한 화합과 함께 (동시에) 현출하는 것이라면, 생기는 것(能生)과 생기게 되는 것(所生)이 동일 시간에 존재한다는 과실을 범하게 된다. 또한 만약 (인과 연의) 완전한 화합보다 이전에 결과가 현출하는 것이라면, 결과는 직접적인 원인과 간접적 조건을 떠난 무인(無因)의 존재가 될 것이다(제20장, 8).

물론 원인 이전에 결과가 이미 존재했다면, 당연히 인과관계는 있을 수 없다. 그 결과는 아무 원인이 없는 것[無因]이 된다. 원인과 결과가 동시에 존재한다고 해도, 그 경우 시간적인 인과관계는 성

립할 수 없다. 다만 양자는 동시에 상호 의존할 뿐 결과가 원인에서 생긴다고 말할 수 없다.

덧붙여서 결과보다 이전에 원인이 있다. 요컨대 원인이 소멸한 뒤에 결과가 있다면 원인이 무(無)가 된 뒤 결과가 있기 때문에 이윽고 결과는 무원인의 존재가 되어 버린다. 이와 같이 연기라고 해도 이것을 관계성으로 보면, 관계 그것이 그 성립을 묻게 되어 해체되지 않을 수 없는 것으로 될 수밖에 없다.

아마도 여기에는 시간의 파라독스가 있기 때문일 것이다. 우리들은 시간이라는 것을 보통 직선적으로 본다. 시간을 직선적으로 본다는 것은 시간을 공간 속에 일차원적으로 배열하여 본다는 것이다. 거기서는 보고 있는 자기의 측면이 공간적인 정지체로 변화하고 있는 것이 된다. 이것에 대해서는 좀처럼 알아채기가 어렵지만, 사실은 그러한 구조로 되어 버린다. 그러나 본래, 자기는 이행하여 변화하는 당체인 존재이다. 여기에 커다란 역설이 존재한다.

나가르주나는 단순히 시간을 직선적으로 보는 것을 경계한다. 가령, 운동에 관해서는 다음과 같이 말한다.

> 이미 지나간 곳에는 가는 것은 일어나지 않는다. 아직 지나가지 않은 곳에는 가는 것은 일어나지 않는다. 지금 현재 가고 있는 중인 것에도 가는 것은 일어나지 않는다. 그 어디에 가는 것이 일어날 수 있을까(제2장, 12).

이미 과거는 존재하지 않는다. 마찬가지로 미래도 아직 존재할 수 없다. 있는 것은 현재뿐이지만 현재는 거기에 있는 지금이며 생긴 다든지 무가 된다든지 변화한다든지 하는 것이 있을 수 없는 세계이다. 지금 현재 거기에 있는, '바로 이때(正當恁麼時, 道元)'이기 때문이다. 이 입장에 서면 시간의 직선성은 소멸해 버린다.

> 지금 현재 생기고 있는 중인 것도 이미 생긴 것도 아직 생기지 않은 것도 어떤 경우이든 생기지 않는다. (이것은) 지금 현재 가고 있는 중인 것, 이미 가버린 것, 아직 가지 않은 것에 의해서 마찬가지로 설명되었다(제7장, 14).

현재 생기고 있는 중인 것은 현재 생기고 있는 중인 것이기 때문에 (보통 무로부터 유가 생기는 것과 같은 것은) 생기는 것이 아니다.

결국 시간은 직선적인 어떤 연장을 가진 것으로 파악할 수 없다. 그럼에도 불구하고 우리들은 끊임없이 머무르지 않고 현재에서 현재에로 이행해 간다. 항상 현재에 머물면서 풍경은 변해 간다. 저것이 우리들의 원점일 것이다. 이것으로부터 볼 때 일체의 언어 표현은 실상을 있는 그대로 표현하지 못하는 허망한 수단에 지나지 않는지도 모른다.

3. 희론적멸(戱論寂滅)의 세계

'공(空)'과 '중(中)'

이상은 나가르주나의 다양한 역설적인 주장의 한 단편들이다. 그러나 이 적지 않은 사례로부터 알 수 있는 바와 같이 나가르주나는 통상의 언어표현(의 배후에 깔려 있는 세계관)을 모조리 부정하고자 했던 것은 분명하다. 그것은 모든 종류의 실체관의 부정이었다. 그 도달하고자 하는 곳이 어딘지 하는 것은 다음의 구절에서 엿볼 수 있을지도 모른다.

> 여러 존재들에 있어 무자성인 것이 있다. (그것들이) 변화하는 것을 보기 때문이다. 무자성인 존재는 있는 것이 아니다. 왜냐하면 여러 존재들에게 공성이 존재하기 때문이다.(제13장, 3).

일체는 불변의 본질[자체]을 가진 것이 아니기 때문에 존재하는 것이라고는 말할 수 없는, 무자성 · 공이다. 그 근거로서 제시된 '변화하는 것을 보기 때문'은 그다지 철저한 입장은 아니다. 시간은 붙잡을 수 없으며 운동이나 변화는 있을 수 없는 것이 실상이기 때문이다.

아마도 『중론』에서 나가르주나의 주장에는 몇 가지의 층위가 있다. 즉 어떤 명제도 보다 상위의 명제로부터 부정된다고 생각된다. 가령 지금의 주장에서 공 · 무자성이라는 지견(知見)을 체득하고서 게다가 이것에 일면적으로 고집한다면 그것 또한 부정되지 않으면 안 된다.

> 모든 견해를 벗어나기 위해서 승자(불)께서는 공성을 설하셨다. 한편 어떤 사람이 공성이라는 견해를 견지한다면, 그러한 사람들을 치유할 수 없는 사람이라고 불렀던 것이다(제13장, 8).

우리는 공도 공한 공공으로 초월하지 않으면 안 된다. 일면적인 공을 철저하게 초월한 궁극적인 공으로 초극하지 않으면 안 된다. 나가르주나의 다음 게송은 유명하다.

> 연기라는 것, 그것을 우리들은 공성이라 부른다. 그것은 (현상세계 그것에) 의한 가설(임시적 설정-언어표현)이며, 그것은 즉 중도이다(제24장, 18).

중국의 천태 지의에게 공·가·중(空·假·中)의 삼제의 철학(천태 교학의 중요한 교의의 하나. 하나의 사상에 공·가·중의 세 가지 진실의 존재방식을 융섭하고 있다고 하는 주장)을 낳은 게송이다. 위의『중론』제24장 19게송은, 연기의 세계는 무자성·공을 본성으로 하지만, 그 공성이라는 언어도 여러 사건 그것에 대한 언어표현에 지나지 않는다는 것을 기술하는 것이다. 그리고 그 연기의 세계의 언어를 떠난 실상이 중인 것이다.

부정으로밖에는 표현되지 않는 희론적멸의 세계

그렇다면 연기이며(실은 관계성조차 초월해 있으며), 공으로밖에
표현되지 않는(실은 공이라는 언어로도 상정할 수 없는) 중인 세계란
도대체 어떠한 세계인가? 도대체 나가르주나는『중론』의 주장을
통해서 우리들을 어디로 인도하려고 했을까?

『중론』제25장은 열반의 고찰이라 불리는 장이다. 이 제25장 서
두에 반대논사가 '만약 이 일체가 공이라면 어떠한 존재의 생성도
있을 수 없고, 또한 소멸도 있을 수 없을 터이다. 무엇인가를 끊었
기 때문에 또한 무엇인가를 소멸했기 때문에 열반이 있는 것이다.'
라고 반문한다. 이것에 대해서 나가르주나는 공과 반대로 유자성
(有自性, 실체론)의 입장에 서면 오히려 단절도 소멸도 있을 수 없
으며, 따라서 열반도 있을 수 없다고 한 뒤, 다음과 같이 설한다.

> 끊어지는 것도 없고 (새롭게) 얻어지는 것도 없다. 단절하지도
> 않고 상주하지도 않으며, 소멸하지도 않고 생성하지도 않는 이
> 것이 열반이라고 설해진다(제25장, 3).

나아가 이 장을 맺으면서 다음과 같이 말한다.

> (열반이란) 일체의 알음알이(지식의 획득, 대상적 인식)이 소멸
> 하고 희론이 적멸하여 적정한 경지이다. 붓다는 어떠한 가르침
> 도 어디에 있어서도 누구를 위해서도 설하신 적이 없다(제25장,

24).

단절하지도 않고 상주하지도 않으며, 소멸하지도 않고 생성하지도 않는다고 부정적 언사로밖에 표현할 수 없는 세계, 그것은 허망한 인식이 소멸한 세계, 희론이 적멸한 세계, 그것이야말로 구극의 경지라는 것이다 비트겐슈타인도 그 자신의 저서『논리철학 논고』를 마무리하면서 '말할 수 없는 것에 대해서는 침묵하지 않으면 안 된다.'라는 구절을 두었던 것이다.

물론 그것은 우리들의 이 현상세계와 달리 초월적으로 존재하는 세계가 아니다. '생사윤회에는 열반과의 어떠한 차별도 없고, 열반에는 생사윤회와의 어떠한 차별도 없다'(제25장, 19). 게다가 거기에 희론적멸의 세계가 있다. 바꾸어 말하면 일체법공(一切法空)의 공한 본성 그 자체이다. 그것이야말로 나가르주나가 우리들에게 궁극적으로 보여주고자 하는 세계일 것이다.『중론』의 귀경송에는 그것을 다음과 같이 기술하기 때문이다.

모든 존재는
소멸하는 것이 아니고(不滅)
생성하는 것도 아니며(不生)
단절하는 것이 아니고(不斷)
상주하는 것도 아니며(不常)
같은 것이 아니고(不一)
다른 것도 아니며(不二)

오는 것이 아니고(不來)

가는 것도 아닌(不出)

희론이 적멸한,

적정의 연기를 설하신 부처님에게

모든 설법자 중에서도 가장 뛰어난

사람으로서 나는 경례하고자 한다.

우리들은 인도 고대의 논사들이 '귀경송'에 위탁한 무게감을 경시
할 수 없다. 여기에는 다만 부정만으로 표현되고, 희론적멸인 적정
이라고 형용되는 '연기'가 무엇보다도 가장 중요한 것으로 평가되
고 있음을 알 수 있다.

　여기서의 연기는 역시 인연에 의해서 일어나는 의미의 상의성
· 관계성조차도 돌파하여 단적으로 불생불멸의 참된 본성 그것을
의미하고 있다. 그것이야말로 참된 공성 그것이며 혹은 열반 그것
이다. 나가르주나는 거기에서 부처님이 깨달은 세계를 보았던 것
이다. 실제 석존은 생성하지도 않고(不生) 늙지도 않으며(不老), 병
들지 않고(不病) 죽지도 않은(不死) 열반에서 깨달음을 얻었던 것
이다(『성구경』, 제1장, 43 참조).

불생불멸(不生不滅)에서 보는 열반

　이상에서 살펴본 바와 같이 나가르주나의 진의는 궁극적으로
희론적멸의 세계로 인도하는 것이었다. 제18장 '아트만의 고찰'에

는 희론적멸의 세계를 둘러싸고 논의가 집중된다.

> 같은 것도 아니고 다른 것도 아니며, 단절하는 것도 아니고 상
> 주하는 것도 아니다. 이것이 세상의 주인인 모든 붓다의 감로의
> 가르침이다(제18장, 11).

> 그 밖에 인연에 의해서 알려지는 것이 아니며 적정하며 모든 희
> 론에 의해서 희론되는 것 없이 무분별이며 다른 것이 아니다. 이
> 것이 진실의 특질(상)이다(제18장, 9).

여기에도 부정으로밖에 표현되지 않는 희론적멸의 세계가 진리임
이 확인된다.

> 업과 번뇌의 소멸에서 해탈이 있다. 업과 번뇌는 분별에서 일어
> 난다. 그들 분별은 희론에서 일어난다. 그러나 희론은 공성에서
> 소멸된다(제18장, 5).

마음의 대상이 소멸했을 때에는 언어로 표현되는 것도 없게 된다.
왜냐하면 법성(法性, 존재의 본질)은 불생불멸이며 실로 열반과 같
기 때문이다.
　우리들이 희론적멸을 최종적으로 지향해야만 하는 것은 그것
이 업·번뇌를 소멸시켜 해탈로 이끌기 때문이다. 앞에서 무명이
소멸하는 것은 '지혜에 의한 그것(연기)의 수습 때문'이라고 설해

지고 있는 것을 살펴보았다(201쪽). 그 지혜의 수습을 지향하는 것
은 잘못된 분별을 초래하는 희론의 적멸에서만이 존재한다. 그렇
기 때문에 공·무자성·연기를 관찰해야만 했던 것이다. 특히 여
기서는 공성을 그 근거로 하고 있다. 그 의미에서 『중론』은 중(中)
을 직관하는 텍스트인 것이다.

4. 나가르주나의 언어관과 수도관

역설과 모순으로 가득 찬 언설

나가르주나의 사상은 이상으로 거의 다 검토했다고 생각한다.
거기서는 희론적멸(戱論寂滅)이라는 언어부정의 세계를 지향하여
다양한 언표와 명제가 아마도 진리의 계층성을 지니면서 말해졌
던 것이다. 여기서 그의 언어관에 관해서 조금 더 기술해 보도록
하자. 나가르주나는 일체의 언어를 부정하는 것 같다. 석존은 그
어떠한 것도 설하신 적이 없다고 한다. 그러나 한편으로 다음과
같이 말한다.

> 모든 붓다는 '아(我, 아트만)가 존재한다.'라고 가설하고, '무아
> (無我, 안아트만)이다.'라고도 설하며, 또한 '아인 것은 없으며 무
> 아인 것도 없다.'라고도 설하였다(제18장, 6).

'일체는 진실이다.', '일체는 진실이 아니다.', '일체는 진실이며 또한 진실이 아니다.', '일체는 진실인 것도 아니며 또한 진실이 아닌 것도 아니다.' 이것이 모든 붓다의 가르침이다(제18장, 8).

나가르주나의 언어는 역설로 가득 차 있을 뿐만 아니라 모순으로 충만해 있는 것 같다. 한편으로는 그 어떠한 것도 설하지 않는다고 하고, 또 한편으로는 그 어떠한 것도 모두 다 설한다고도 한다. 도대체 이들 언어는 어떻게 이해하는 것이 좋을까?

물론 진리의 세계는 불생불멸이며, 희론을 떠나 있고, 언어를 떠나 있는 것이다. 이것을 알기 때문에 오히려 상대에게 대응하여 적절한 언어를 설정할 수가 있었다. 거기에 가설로서의 언어가 존재한다. 나가르주나는 언어를 초월한 지평을 직관하고 있었으며, 게다가 거기서 자유롭게 언어를 구사하고 있었던 것이다. 따라서 일체는 공이라는 언어조차도 하나의 의미를 가지고 표현되는 것이며, 여기에 머물러 집착해서도 안 된다. 우리들은 여기서 '공성의 작용, 공성 그것, 공의 의의'에 관해서 잘 알지 않으면 안 된다.

그러한 나가르주나의 언어에 대한 자세는 다음과 같이 정리해서 표현되고 있다.

두 개의 진리(二諦)에 의해서 모든 붓다는 법(法, 가르침)을 설하셨다. 세간세속의 진리와 승의의 진리가 둘이다. 이 두 개의 진리의 구별을 알지 못하는 사람들은 붓다의 가르침에 있어서 심오한 진실을 알지 못한다. 언어관습에 의존하지 않고서는 승의의 진리는 제시될 수 없다. 승의의 진리에 도달하지 않으면 열반은 증득되지 않는다(제24장, 8·9·10).

여기서 세속은 언어, 승의는 희론적멸의 초언어적 세계를 의미한다. 이렇게 해서 나가르주나는 깨달음의 한복판에서 실현되는 열반 그것(공성 그것)으로서의 진리와 거기에 도달하게 하는 각종의 언어표현을 적확하게 파악하여 다양한 지평의 언어 표현의 의미를 헤아렸던 것이다.

지혜가 초래하는 방편

나가르주나가 심지어 '모든 붓다는 아(아트만)가 있다고 가설하고'라고 한 것은 대단히 의미심장하다. 가설의 언어표현을 실로 가설인 것으로 볼 수 있는 것은, 나가르주나가 본 희론적멸의 진리의 심오함을 말하고 있다. 그것에 입각해야만 오히려 자유롭게 살아가고 방편에도 뛰어날 수가 있는 것이다. 나가르주나의『중론』은 극히 예리한 논리를 구사하고 있지만, 그 사람됨은 의외로 폭이 넓고 마음이 깊었던 것 같다.

왜냐하면 나가르주나에게는 앞에서도 기술한 바와 같이 재가의 왕을 대상으로 하여 정치의 구조를 설한『보행왕정론(寶行王正論)』이나『권계왕송(勸誡王頌)』과 같은 저작도 있기 때문이다. 물론 정치의 구조를 설하였기 때문이라고 해서 세속과 타협하고 있었다고 말하는 것은 아니다. 오히려 어디까지나 법에 따른, 인간의 진실에 뿌리를 내린, 엄격한 권계(勸誡)를 주로 한다.

그러나 나가르주나는 결코 성급한 사람이 아니다.

> 이 법을 바르게 이해하지 않으면 나라는 생각이 일어나고, 그것
> 으로 부터 선·불선의 업이 생기고, 선·불선의 업에서 선·불선
> 의 윤회의 생존이 발생합니다. 그렇기 때문에 나라는 생각을 멈
> 추게 하는 법이 바르게 이해되지 않으면, 하여간 보시하고 계율
> 을 지키고 인내의 법에 전념하기 바랍니다.(우류츠 류인 역, 대승
> 불전 14『용수논집』「보행왕정론」제2장, 24-25, 주오고론샤에 의거
> 한다. 이하도 마찬가지이다.)

나라는 생각을 멈추게 하는 법이란 말할 것까지도 없이『중론』
에서 설하는 모든 법(가르침)일 것이다. 나가르주나는 가령 왕과
같은 어느 정도의 지식계층이라 하더라도 그것들을 즉각 요해할
수 없을지도 모른다고 생각하였다. 그리고 그 경우 육바라밀(六波
羅密)의 첫걸음을 내디딜 것을 권유했던 것이다.

하여튼 불도수행의 핵심은 뭐니 뭐니 해도 지혜에 있다. 육바라
밀은『반야경』이 말하는 바와 같이 어디까지나 반야바라밀에 의
해 선도되고 지지되지 않으면 안 된다.

> 악을 버리고 선을 지키는 것은 번영을 초래하는 법이며, 지혜에
> 의해서 집착을 모조리 끊는 것이 지복에 이르는 법이다[「보행왕
> 정론」, 제3장, 31].

해탈을 실현할 수 있는 것은 어디까지나 나라는 자아의식(我執)·나의 것이라는 소유의식(法執)을 끊는 것이다. 그러기 위해서는 반드시 지혜가 필요한 것이다.

지혜와 선정은 불가분이다

그렇다면 이 지혜를 어떻게 닦아야 할 것인가? 물론『중론』의 가르침을 배우는 데 있어서 중관(中觀, 中의 관찰)이야말로 그 본질적인 수행일 것이다. 그것만이 불교수행의 핵심이며 그것 이외 그 어떠한 것도 필요하지 않다고 말해야만 할 것이다. 그렇다고 해도 중관파의 수도론으로서 조금 더 구체적인 것은 아무것도 없는 것일까?

「보행왕정론」의 제5장 보살의 수행에는 육바라밀(六波羅密)이나 십지(十地)라는 대승불교의 정통적인 수행이 제시되지만 특히 상세한 방법은 기록되어 있지 않다고 보아도 좋다.

한편『권계왕송』에는, 가령 '연기는 승리자(불타)의 가르침의 보고 중에서도 가장 뛰어난 의미의 깊은 가르침입니다. 누구라도 이 것을 바르게 본다면 그 사람은 불타 그분을 알며 최상의 존재를 보는 것입니다.'라고 기술한다(112). 그 내용이나 방법에 관해서는 결코 구체적이지는 않다. 다만 억지로 말하면, 가령 다음과 같은 게송은 불교의 인식의 존재방식을 제시하고 있다고 말할 수 있다.

계율과 선정에 의해서 몸이 편안해지고 마음이 유연해지며, 오염되지 않은 열반의 지위를 얻어야만 합니다. 그것은 불로(不老), 불사(不死), 불쇠(不衰)이며 지·수·화·풍·일·월(地·水·火·風·日·月)을 떠난 것입니다(105).

사념, 법의 고찰, 노력, 기쁨, 청정함, 마음의 통일, 평정심은 7종의 깨달음을 이루기 위한 조목(七覺支)이며, 열반을 획득하게 하는 선의 모임입니다(106).

지혜 없이는 선정은 있을 수 없습니다. 선정 없이는 지혜도 있을 수 없습니다. 그 양자가 있는 사람에게는 생사의 바다는 소의 발자국(牛跡, 쉽게 건널 수 있는 작은 물의 모임)과 같은 줄 알아야만 합니다(107).

석존은 선정을 버렸던 것이 아니라, 바른 선정을 닦고서 나아가 선정을 심화시켜 깨달음에 이르렀던 것이다. 궤변만을 늘어놓는 듯한 나가르주나에게 있어서도 결코 선정을 생각하지 않을 수 없다. 그뿐만 아니라 지혜와 선정은 전적으로 불가분이며 게다가 해탈을 위해서는 이 양자가 불가결이라고 보고 있다.

아마도 나가르주나의 『중론』의 세계도 역시 어디까지나 선정의 수습 속에서 관찰된 세계였을 것이다. '마음의 대상이 소멸했을 때에는 언어로서 표현될 수도 없다. 왜냐하면 법성(法性)은 불생불멸이며, 실로 열반과 같기 때문이다.'(제18장, 7)라고 말하는 곳에서, 나가르주나가 깊게 선정을 수습한 불교수행자였음을 엿볼 수 있다.

5. 나가르주나 이후의 중관파 수도론

나가르주나 이후의 중관파 사람들

나가르주나의 수도론은 독자적인 체계와 조직을 가진 적은 없었지만, 후대 중관파에서는 다양한 수도관 관계의 책이 저술되었다. 여기에서는 그러한 책의 일단을 소개하고자 한다. 그러기에 앞서 나가르주나 이후의 중관파의 전개를 살펴보아야 할 것이다.

우선 나가르주나의 제자로 아리야데바(提婆, 170~270)가 있다. 아리야데바에게는 『백론(百論)』과 『사백론(四百論)』이라는 저작이 있다. 이 두 저작 모두 다른 학파에 대한 비판을 통해서 중관파의 입장을 드러낸 것이다. 나가르주나의 『중론(中論)』과 『십이문론(十二門論)』 및 아리야데바의 『백론(百論)』의 세 개의 논서를 연구하는 학파가 중국과 한국 그리고 일본의 삼론종(三論宗)이다.

아리야데바 이후 중관파의 동정은 그다지 괄목할 만한 것은 없다. 그러나 5세기에 들어서면 『중론』에 주석을 남긴 붓다팔리타(佛護, 470~540)가 출현한다. 붓다팔리타는 어떠한 명제를 세워도 논리적인 오류를 범할 수밖에 없다고 주장하였다. 나가르주나의 『중론』이라는 텍스트도 오로지 이것을 설했다고 붓다팔리타는 보고 있다. 프라상기카파(歸謬論證派)의 종조(宗祖)에도 위치하는 사상가이다.

이것에 대해서 바비베카(淸辨, 490~570)는 당시에 확립되고 있었던 불교논리학의 논증식을 사용하여 중관파의 입장을 적극적으로 논증하고자 하였다. 이 입장을 스바탄트리카파(自立論證派)라고 부른다.

바비베카는『중론』의 주석서인『반야등론(般若燈論)』외에 각종의 문제를 불교 내외와 비교 사상적으로 다루면서 중관파를 최고의 사상으로 논한『중관심론송(中觀心論頌)』과 그 자주인『중관심론주사택염(中觀心論註思擇焰)』등을 저술했다.

바비베카의 중관의 명제 논증은, 첫째 '승의제에서는'이라는 조건을 붙이고, 둘째 '무엇인가는 무엇인가가 아니다.'라고 할 때의 '아니다'의 부정은 즉시 그 반대의 긍정(보지 않는다에 대해서는 듣는다, 냄새 맡다 등등, 소가 아니다에 대해서는 말이나 코끼리 등등)을 의미하지 않고 단순히 그 부정밖에 표시되지 않는다고 하는 전제를 설정하였던 것이다. 따라서 논증이라고 해도 통상의 형식논리와 전혀 같다고 말할 수는 없었다. 그 독특한 논리의, 현대의 논리학과의 관련이 주의될 것이다.

바비베카의 뒤에 찬드라키르티가 출현하여 프라상기카파의 입장에 입각하여 바비베카의 설을 엄격하게 비판했다. 찬드라키르티에게는『프라산나파다』라는『중론』에 대한 주석이 있다. 게다가 산스크리트본이 남아 있기 때문에 연구가 상당히 진행되었다. 또한 찬드라키르티는 티베트불교에서 높이 평가되고 있는 것으로도 유명하다. 저작에는 그 외에『입중론(入中論)』등이 있다.

더욱이 그 뒤의 유명한 중관파의 논사로서는 프라상기카파(귀류논증파)의 산티데바(寂天, 650~700), 스바탄트리카파(자립논증파)의 샨타라크쉬타(寂護, 725~790), 그 제자인 카말라쉴라(蓮華戒, 740~795) 등이 있다.

산티데바는『입보리행론』이나『대승집보살학론』등의 상세한 수도론의 논서를 편집하고, 뒤에 티베트불교를 부흥한 아티샤(982~1054,『보리도등론』을 저술한다)에게도 영향을 끼쳤다.

샨타라크쉬타와 그의 제자 카말라쉴라는 당시의 티베트왕 촉티띠숑왕에 의해 초대를 받아서 티베트로 들어가 티베트불교의 기초를 구축한다. 카말라쉴라는 중국의 선승인 마하연과 논쟁한 것으로 알려져 있다. 그는 중관파의 수행 강요서인『수습차제(브하바나 카라마)』를 3편(초편·중편·후편) 남긴다.

저 현장은 나란다 사원에서 유식이 번창한 것처럼 전하지만 그 뒤에는 중관파가 세력을 증가해 갔던 것일까? 티베트에 들어간 불교는 주로 중관파이며 인도의 정통적인 불교사상가들이 티베트불교의 토대를 구축했던 것이다.

중관파의 수행단계의 한 사례

그런데 중관파의 수도론이지만, 여기서는 비교적 정리가 잘 된 카말라쉴라의『수습차제(修習次第)』에서 수행의 핵심의 구체적인 방법을 살펴보자. 나가르주나로부터는 시대적으로 훨씬 후대지만

중관파의 계보

나가르주나(용수, 150~250)

아리야데바(제바, 170~270)

라후라바드라(라후라, 200~300)

스바탄트리카파 (자립논증파)	프라상기카파 (귀류논증파)
바비베카 (청변, 490~570년경)	붓다팔리타 (불호, 470~540년경)
아바로키타바라타 (관서, 700년경)	찬드라키르티 (월칭, 600~650)
유가행중관파	샨티데바 (적천, 650~700년경)
산타라크쉬타 (적호, 725~795년경)	
카말라쉴라 (연화계, 740~795년경)	
	아티샤(982~1054)
라트나카라산티(1000년경)	

중관파 흐름의 하나의 견해가 알려진다. 『수습차제』의 초편(한역 『광석보리심론』에 대응한다)의 내용은 다음 페이지의 그림과 같다.

여기서 우선 보리심을 발하기 전에 대자비심을 일으켜야 할 것을 설한다. 그것은 대승불교의 정법인 것이다. 그리고 어디까지나 반야의 지혜가 중시된다. 그것은 문혜·사혜·수혜(聞慧·思慧·修慧)이다. 그 가운데 『중론』의 학습·사색은 가령 사혜(思慧) 등에 들어갈 것이다. 이성적인 이해는 더욱 심화되어 돌파되고 수혜(修慧)가 실현되지 않으면 안 된다. 그것은 지관행(止觀行)이다. 즉 선정과 지혜이다. 선정과 지혜의 양자가 있는 사람은 해탈도 쉬운 것이다.

지관의 과정과 깨달음의 도달

그렇다면 그 지관은 어떻게 수습되는가? 지(止)는 심일경성(心一境性)이라고 하며 마음이 통일된 상태를 실현해 가는 것이다. 그렇게 해서 무엇을 어떻게 관찰해야만 하는가? 『수습차제』는 여기서 『능가경』의 다음의 게송을 인용하여 설명한다.

유심(唯心)으로 진입하여
외부의 대상을 분별하지 않듯이
진여(眞如)의 대상에 머물러서
유심도 초월하듯이
유심도 초월하고

『수습차제』 초편에서 수도의 단계

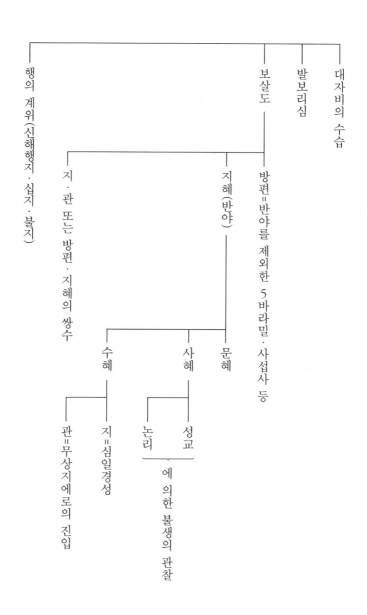

무상(無相)도 초월하듯이
참된 무상에 머문 요가수행자는 대승을 본다.
그는 자유자재하며
적정이며
모든 서원에 의해서 정화된다.
뛰어난 지혜인 무아인 것을
무상에 의해서 보는 것이다.

먼저 외계의 대상을 실재라고 보지 않고 유심에 머물 것을 설한다. 외계의 대상이 실재일 수 없다는 것에 관해서 여기서 카말라쉴라는 원자론도 파탄시키지 않을 수 없다고 한다. 이것은 유식교학에서는 자세하게 논해졌던 것이다. 카말라쉴라도 그것을 당연하다고 여기는 것이다.

다음으로 외계가 존재하지 않는 이상, 그것에 걸맞는 주관, 사물에 대한 마음도 없다는 것이 알려진다. 거기서 유심의 심은 소취와 능취(객관과 주관)의 이원 분열을 떠나 있음을 알 수 있다. 그렇게 해서 소취와 능취를 여읜 진여를 대상으로 한 마음의 존재방식이 된다. 이렇게 해서 소취와 능취가 없다고 하는 이해조차 떠난 무분별의 선정으로 들어가는 것이다. 소취와 능취의 분열을 떠난 무이지(無二智), 일체의 대상적 이해를 초월한 무상지(無相智)에 머물게 되면 대승을 본다, 즉 근본적인 깨달음에 도달하는 것이다.

대승의 수행자는 본원을 세워서 수행해 간다. 그 서원에 의해서 육바라밀의 수습 등의 각각의 단계에서 청정해져 가지만, 물론 반야바라밀이 중심이며 그 뛰어난 지혜는 무아 즉 일체법의 무자성·공성을 규명해 간다. 궁극에서는 그 진실 그것을 무상에 의해서 보는 것이다. 무분별지(無分別智)는 그 어떠한 것도 대상적으로 현현하는 것이 없다는 존재방식에 의해서 보는 것이다.

카말라쉴라는 유가행중관파라고 일컬어지지만, 여기에는 이른바 유식관에서 무이지·무상지·무분별지로의 길이 설해진다. 일체법무자성(一切法無自性)의 진실한 이해는 다양한 지평에서 이루어질 수 있지만 결국은 '마음의 대상이 소멸했을 때에는 언어로 표현되는 것도 없게 되는'(221쪽) 세계에 선정과 지혜, 지와 관을 집중해 가는 것이다.

불교에서는 문·사·수라고 한다. 가르침을 배우고 생각하고 실천한다고 하는 의미일 것이다. 그리고 각각의 단계에 지혜가 생긴다고 한다. 문혜·사혜가 수혜로 집중되어 갈 때, 수혜는 현량(現量, 직접 지각)으로 진실을 깨달아 증득한다. 이치에 입각한 관찰이 궁극적으로는 무분별지로 진입해 가는 과정에서 참으로 일체법의 공성이 체득된다. 그것은 마치 나무(木, 관찰)를 비벼서 불(火, 무분별지)을 일으키면 불 그것이 나무를 태워 버리는 것과 같다. 그것이야말로 아집·법집의 뿌리도 절단되는 것이다. 그곳에서 석존의 깨달음과 결합되면 대승불교는 보이는 것이다. 이것이 중관파 수도론의 하나의 존재방식이었다.

5장

유식의 체계

유가행파의 철학

1. 유식의 계보

유식을 담당한 사람들

대승불교의 또 하나의 유력한 학파는 유식교학을 설한 유가행파이다. 유식교학은 앞에서 기술한 바와 같이 부파(소승) 아비다르마의 아법구공(我法俱空, 혹은 人法二空)에 입각한 재해석이라는 성격을 짙게 갖는다. 그것은 대승불교로서 입종된 다양한 종파의 교리의 기초를 이루는 것이다.

유식의 원류에는 부파불교에서 유가사(瑜伽師, 요가수행자)의 활동이 있었을 수 있다는 것이 니시 기유(西義雄)에 의해서 지적되었다. 유가사(yogācāra)는 유가행(요가, 止觀行)의 실천자라는 의미이다. 설일체유부에는 교단의 전통에 따르는 각종의 선정이나 관법을 실천하는 유가사들이 있었다. 그런데 그러한 실천에 집중하는 과정에서 유부의 정통적인 교학과 모순되는 사태를 체험하고, 그들 교학을 담당하는 아비다르마 논사들과 다른 견해를 주장하는 경우도 있었던 것 같다.

그것은 유부뿐만이 아니었을지도 모른다. 각 부파들도 교학연구에 전념하는 아비다르마 논사와 실천을 중시하는 유가사들이 있었을 것이다. 그러한 유가사들 중에는 지관행의 실천 속에서 일체법공의 사실을 다양하게 체험했던 사람들도 출현했음에 틀림없다. 그러한 사람들이 지금까지의 부파교학에 대해 못마땅하게 여기며, 유식교학의 원류를 형성하고 있었다고 생각된다. 『유가사지론(瑜伽師地論)』이라는 하나의 유식 근본성전이 있지만, 그것은 그들 대승과 관련한 유가사의 체험과 사색을 집대성한 것이라고 할 수 있다.

무엇보다도 『유가사지론』이 편집되거나 유식교학이 조직적으로 체계화되는 것은 4~5세기 무렵이다. 초기 유식논서의 작자로는 마이트레야(彌勒), 아상가(無著), 바수반두(世親)가 있지만 오늘날 바수반두는 400~480년, 그의 친형인 아상가는 395~470년경으로 추정된다. 바수반두의 연대를 아무리 일찍 잡는다고 해도 4세기를 올라갈 수는 없다.

앞에서도 기술한 바와 같이(2장, 93-94쪽) 바수반두는 처음에는 부파의 교학을 연구하였지만, 친형인 아상가의 권유를 받아들여 대승유식으로 전향했다고 전해진다. 또한 바수반두 2인설이라는 것이 있지만, 지금은 언급하는 것을 생략하고자 한다.

마이트레야 · 아상가 · 바수반두에 의한 유식의 논서

아상가는 전설에 의하면 신통력에 의해서 자주 도솔천으로 올라가 그 도솔천에 있는 미륵보살(미래불)로부터 유식의 가르침을 전수받았다고 한다. 그것을 아상가가 사람들에게 말한 것이 미륵보살설이라고 간주되는 논서이다. 그런데 이 전설을 어떻게 이해해야 할까?

물론 전설을 액면 그대로 신뢰하는 입장도 있을 수 있다. 그러나 최근에는 미륵보살설로 간주되는 초기 유식논서는 실은 역사적으로 실재한 아상가에 선행하는 유가행파 선배의 설을 미래불로서 신앙을 집중하는 미륵보살에게 가탁하여 정리한 것이라는 해석도 행해진다. 이 경우에도 미륵 논서를 편찬한 것은 아상가(및 바수반두)였을 것이다.

여기에 마이트레야·아상가·바수반두의 대표적인 저작을 제시해 두고자 한다.

마이트레야(미륵)
『변중변론송(辨中邊論頌)』
『대승장엄경론송(大乘莊嚴經論頌)』

아상가(무착)
『섭대승론(攝大乘論)』
『대승아비달마집론(大乘阿毗達磨集論)』
『현양성교론(顯揚聖敎論)』

바수반두(세친)
『변중변론(辯中邊論)』(『변중변론송(辯中邊論頌)』에 대한 주석)
『대승장엄경론(大乘莊嚴經論)』(『대승장엄경론송(大乘莊嚴經論頌)』에 대한 주석)
『섭대승론석(攝大乘論釋)』

『유식이십론(唯識二十論)』

『유식삼십송(唯識三十頌)』

앞에서 기술한 『유가사지론』은 한역에서는 미륵보살설이라 간주되지만, 티베트 역에는 아상가의 저작이다. 그 성립과정(전체가 일시에 성립한 것인가, 아니면 부분 부분 점진적으로 성립한 것인가 등)에는 논의가 분분하다. 다만 대략 아상가 이전에는 성립해 있었다고 보아도 좋다. 또한 여기서 바수반두의 저작이라고 한 『대승장엄경론』은 실은 아상가의 저작이라는 유력한 설도 있다. 또한 유식계통의 경전으로 『해심밀경(解深密經)』이 있다. 일반적으로는 경전이 먼저 나온 뒤에 논서가 만들어졌다고 생각되지만, 이 경전이 위에서 기술한 모든 논서에 앞서 성립했다고 하는 보증은 그 어디에도 없다. 다만 『유가사지론』의 「섭결택분」에는 이미 그것이 포함된다.

이와 같이 초기 유식논서의 성립과정이나 초기유가행파의 상황은 상세하게는 아직 해명되고 있지 않다. 그러나 적어도 아상가, 바수반두가 유식교학을 집대성했다는 것은 틀림없는 것 같다. 일본의 나라(奈良) 고후쿠지(興福寺)는 법상종의 사찰이지만 미술품의 보고이기도 하다. 그 보고 가운데 그 사람의 정신의 참모습을 실로 훌륭하게 묘사한, 아상가상(무착상), 바수반두상(세친상)의 조각상이 있다. 이전에는 보물관에서 참배할 수 있었다. 그런데 오늘날에는 북원당에 안치되어 특별한 기간밖에는 참배할 수 없다는 사실이 유감이지만, 그쪽이 역시 법상종의 신앙에 어울리는 존재방식이라고 나는 생각한다.

『섭대승론』과『유식삼십송』

앞에서 기술한 유식논서 가운데 대표적인 논서는 우선 아상가에 의한『섭대승론』이다.『변중변론』과『대승장엄경론』그리고『섭대승론』즉 대승 교리의 강요화의 일환이지만, 그중에서도 가장 뛰어난 것이 바로『섭대승론』일 것이다. 다행히 우리들은 이것을 나가오 가진(長尾雅人)의『섭대승론 일역과 주해』상·하(고단샤)에 담긴 뛰어난 연구에 의해서 직접 읽을 수가 있다. 역시 뛰어난 강요서로 알려진『대승기신론(大乘起信論)』이 중국에서 만들어진 위작이 아닌가 하고 의심을 받고 있는 것에 대해, 인도불교에 바른 출처를 가진 대승불교의 강요서로서는『섭대승론』이 제일일 것이다.

이『섭대승론』은 소승불교보다 뛰어난 대승불교의 교리로서 10개의 항목을 제시하고 그 각각을 상세하게 해설하고 있다. 그 10개의 항목은 다음과 같다.

①아뢰야식
②삼성(변계소집성·의타기성·원성실성)
③유식성(진여)
④육바라밀
⑤십지

⑥보살율의(菩薩律儀)(戒)

⑦수능가마허공등제삼마지(首楞伽摩虛空等諸三摩地)(定)

⑧무분별지(慧)

⑨무주처열반(無住處涅槃)

⑩삼종불신(三種佛身)(자성신·수용신·변화신)

개개의 상세한 설명을 여기서는 기술하지 않지만 지금까지 각종
으로 기술한 대승불교의 교리가 정교하면서도 다채롭게 포함되어
있음을 알 수 있다.

또 하나 유식논서 가운데 대표적인 서물은 바수반두의 『유식삼
십송』이다. 『유식삼십송』은 수도론이나 불신론(佛身論) 등을 포함
하며 유식교학의 전 체계를 겨우 30개의 게송으로 정리한 명품이
다. 여기서 유식교리의 일체가 확정되었다고 말해도 좋을 것이다.
무엇보다도 하나의 게송 안에 포함되어 있는 언어는 너무나도 적
다. 그럼에도 불구하고 만약 한 게송의 내용을 강의한다면 아마도
몇 시간이 걸릴지 모를 정도로 깊은 사상을 포함하고 있다. 『유식
삼십송』은 그만큼 사유체계가 농축되어 있어 또한 각종의 해석으
로 분분하다.

이 『유식삼십송』에는 바수반두 이후 많은 학자들의 주석이 남
아 있다. 오늘날 우리들에게는 스티라마티(안혜, 510~570)의 주석
이 산스크리트본으로 남아 있다. 『유식삼십송』에는 뛰어난 번역
(아라마키 노리토시 역, 대승불전 15 『세친논집』, 주오고론샤)도 있고,
요점을 쉽게 파악할 수 있는 해설[사이구사 미츠요시 저 요코하마 고

우이치 해설, 인류의 지적유산 15 『바수반두』, 고단샤, 고단샤학술문고 『세친』으로 2004년 3월 간행]도 있다.

호법-현장-나라(柰良)로의 유식의 법등(法燈)

법상종은 현장 역 『성유식론』을 근본성전으로 하지만, 이것은 바수반두의 『유식삼십송』의 상세한 해설서이다. 특히 다르마팔라 (護法, 530~561)라는 학자의 설을 중심으로 하여 다른 학자의 설도 비판적으로 조직하면서 편찬한 텍스트가 『성유식론』이다. 『성유식론』에서 다르마팔라의 설이라고 말해지는 것이 실제로 실재한 다르마팔라의 학설 그 자체인지는 문제도 있지만, 적어도 현장이 인도에 갔을 당시의 인도 사상계의 고도의 철학적 논의를 풍부하게 전한 것이다[졸저, 『유식의 탐구-유식삼십송을 읽는다』, 슌주샤에서 나온 책은 비교적 상세한 해설서이다].

다르마팔라는 세계 최고의 종합대학이라고 일컬어지는 나란다의 학문적 리더였다. 나란다 대학은 인도의 황금기를 보낸 굽타왕조의 샤크라띠트야왕(400년경)이 창건한 것으로 철학·법학·의학·음악 등을 가르쳤다. 다르마팔라의 문하에는 인도나 인근 여러 나라들로부터 온 뛰어난 수재가 모여서 학문에 전념하고 있었는데, 그 수가 대략 수천 명이라고 전해진다.

바수반두로부터 다르마팔라에 이르는 기간에는 많은 유식학자들이 있었다고 한다. 그들 중 주목되는 사람은 디그나가(陳那, 480~540)이다. 디그나가는 불교논리학을 완성하고 유식의 식의 이해에 관해서도 자증(自證, 인식은 자기인식이라는 것)을 축으로 신기축을 세우고 언어에 관해서도 타자의 부정(아포하라는 이론으로 '소'라는 말은 '비소의 부정' 요컨대 '말·코끼리·사슴 등의 부정'을 표현하는 이론)이라는 '차이'에서 분석하는 철학을 확립하는 등 다수의 뛰어난 사상을 제시했다.

디그나가는 성교(聖敎, 경론)를 곧바로 진리의 표준으로는 보지 않고, 그 진리성은 논리로 환원된다고 하였다. 이것도 또한 불교 사상사에서는 획기적인 것이다. 다르마팔라의 교학은 이 디그나가의 설도 다분히 고려한 것이다.

한편 다르마팔라의 뒤를 계승한 것은 시라바드라(戒賢, 529~645)이다. 그도 또한 학덕으로는 비교할 수 없는 위대한 교육자이며 오랜 기간 나란다 대학를 통솔했다. 현장은 당시(唐)의 국법으로 금하는 것을 깨뜨리고 서역으로 탈출하여 상상을 초월한 간난신고(艱難辛苦)를 견디고서 겨우 인도로 들어갔다. 설일체유부의 본고장 카슈미르에서 배우다가 결국 나란다 대학에서 5년의 기간 동안 유식을 중심으로 하는 불교학과 그 외의 사상을 수학하였다. 현장은 17년에 걸쳐 인도에 머물렀으며, 실천력과 지성을 갖춘 스케일이 큰 위대한 천재였다.

현장은 당시 나란다 대학이 유식의 전성기였다고 전하고 있다. 또한 중국으로 대량의 경론을 가지고 돌아와서 번역하였지만 현장이 가장 높게 평가하고 있었던 것은 역시 유식교학이었을 것이다. 뒤에 자은(慈恩) 대사에 의해서 『성유식론』을 근본성전으로 하는 법상종이 개창되었던 것이다. 그리고 그것은 견당사로 동행한

유가행파의 계보

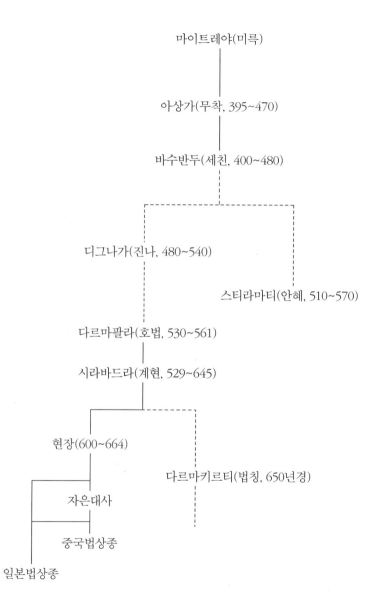

마이트레야(미륵)

아상가(무착, 395~470)

바수반두(세친, 400~480)

디그나가(진나, 480~540)

스티라마티(안혜, 510~570)

다르마팔라(호법, 530~561)

시라바드라(계현, 529~645)

현장(600~664)

다르마키르티(법칭, 650년경)

자은대사

중국법상종

일본법상종

학승들에 의해서 소위 실시간으로 나라(奈良)에 전해졌다. 실로 나라는 실크 로드의 종착역이다. 인도에서는 그 뒤 중관파가 세력을 만회하고 중국에서도 법상종의 쇠퇴는 빨랐다. 유식의 법등(法燈)이 후대까지 전해진 것은 세계 속에서 일본이라는 나라가 유일할지도 모른다. 나라불교는 실로 귀중한 문화유산인 것이다.

2. 심왕(心王, 마음주체)과 심소(心所, 마음작용)의 현상학

유식조차도 방편으로 보는 유식관

그런데 조금 더 유식사상의 내용에 관해서 살펴보자. 유식이란 문자 그대로 오직 식뿐이라는 것이다. 식이란 인식의 식이라는 의미이지만, 여기서는 감각과 지각의 총칭으로서의 의미이다. 요컨대 우리들의 세계는 자기도 포함하여 감각·지각 그것 이외에는 아무것도 아니라는 것이다. 그리고 이것에 의해서 사물이나 자아의 실체는 존재하지 않는다는 것을 표현한 것이다. 이른바 식이 묘출하고 있는 영상만이 존재할 뿐, 고체적·실체적 사물이나 자아는 존재하지 않는다. 이 영상적 세계(4장, 207쪽에서 말하는 시각풍경 등)는 뒤에 기술한 바와 같이 아뢰야식을 포함한 8식 및 심소에서 설명된다.

처음에 약간 기묘한 것을 말해 두면, 실은 유식교학은 그 유식이라는 것을 하나의 지견(知見)으로 지니게 하기 위해 설해진 것이 아니다. 그래서 가령 아뢰야식이라는 식이 있다는 것을 확신케 하기 위해서 설해진 것도 아니다. 유식은 그 유식이라는 이해조차 넘어가서 제거해 버리기 위해서 설해진 것이다. 요컨대 그 유식은 실은 유식이라는 것을 자체조차 스스로 부정하는 구조를 갖는 가르침인 것이다.

왜냐하면 유식은 우선 상주불변하는 자아나 사물이 어떻게 존재하지 않는가를 설명하기 위한 이론이다. 이것을 배움으로써 우리들이 늘 자아에 대한 집착[我執]이나 존재에 대한 집착[法執] 속에서 살아가는 것은 잘못이라고 반성케 한다.

그렇다면 지금은 그것(집착된 자아나 존재)을 제거하기 위한 수행에 들어가야만 한다. 그 수행은 곧바로 유식관의 관법이 중심이 된다. 그 유식관에서는 처음 실재하는 대상(所取)은 존재하지 않는다는 것을 관찰해 간다. 소취와 능취는 상대하여 비로소 성립할 수 있는 것이기 때문이다. 이렇게 해서 주관과 객관의 분열을 취하지 않고 세계는 오직 식뿐이라는 이해조차 대상적 인식으로서 부정되었을 때, 무분별지(無分別智)가 열려 진여(眞如)가 증득된다고 한다.

법집(法執, 그것은 아집의 근원이기도 하다)은 소취와 능취가 소멸한 무분별지가 생겨야만 비로소 참으로 끊어지게 된다. 그때 오히려 연기의 세계는 연기인 채로 환영과 같이, 실체가 없는 세계는 실로 환영과 같이 보는 것도 가능하다.

이와 같이 유식의 교학은 이른바 깨달음으로 이끌기 위한 방편이며 결코 그 자체 최종적인 진리라고 말하는 것은 아니다. 유식은 이것을 스스로 자각하고 있다. 스스로 그것은 궁극의 진리(勝義諦)가 아니라 도리세속(道理世俗, 세속제이지만 일정한 논리적 반성이 이루어진 언어체계)이라고 자각하고 있는 것이다.

언어와 사물의 관계

그와 같이 유식의 교설은 곧바로 어디까지나 상주하는 존재나 자아가 없다는 것을 설명하는 것이다. 그렇다면 그것은 어떻게 성립하는 것일까? 우리들이 존재나 자아를 인식하는 것은 주로 언어를 매개로 한다. 우리들은 언어를 획득해 가는 과정에서 자기와 타자의 구별이나 자기와 존재의 구별, 존재와 존재의 구별을 학습하며, 게다가 다양한 언어에 대응한 대상이 현실에 존재한다고 생각해 버린다.

그러나 언어세계는 이미 『중론』에서 본 바와 같이 많은 모순을 안고 있는 것이다. 그것에 언어에 의한 세계의 분절화는 미리 존재하는 사물에 실제로 대응하는지의 여부는 극히 의문이다. 가령 우리들은 우리말에서 형이라고 하고, 아우라고 한다. 여기서 형은 형으로서 존재하고 아우는 아우로서 존재한다고 생각한다. 그러나 영어권에서는 형이든 아우든 똑같이 brother이며 그 사이의 구별은 없다. 그들의 세계에 형이 있고 아우가 있는가, 있다고 해도 우리말의 언어권과 같은 방식으로 존재하는가는 의문이다. 한편 우리들은 책상이라는 한 단어로 해결해 버리는 것을 영어권에서는

table과 desk로 나눈다. 이러한 사례는 그 밖에 얼마든지 존재한다. 한쪽이 수십, 수백으로 분절화하는데, 또 한쪽은 그 전부를 하나로밖에 보지 않는 예조차 존재한다.

그렇다면 언어는 외부에 실재하는 사물에 대응하는 것이 아니라 오히려 혼돈 또는 연속한 사태에 대한 우리들 측에서의 자의적인 (각각의 언어권에 독자적인 존재방식에서의) 분절화에 지나지 않는 것이다. 결국 언어에 대응하는 존재나 자아가 그대로 존재하는지의 여부는 적잖은 의문인 것이다.

그러나 우리들이 언어를 사용할 때 그것은 어디까지나 무엇인가의 사태에 대해서 사용하는 것이지 결코 아무것도 없는 바에 언어 사용이 이루어지는 것이 아니다. 그렇다면 무엇에 대해서 언어가 사용되는 것일까?

사물은 실재하는가?

외부 세계에 언어에 대응하는 사물이 존재하는지의 여부는 의문이다. 다만 원래 사물이 존재하든 존재하지 않든 간에 언어가 지시하는 직접적인 대상은 우리들의 감각에 의해서 포착된 세계라고 말해야만 할 것이다. 우리들은 우리들이 본 것과 들은 것에 대해서 언어를 사용한다. 본 것과 들은 것은 즉 우리들의 주관의 마음에 투영된 것이다(유식의 관점에서 말하면 식에 현현한 상이다).

가령 외계에 사물이 존재한다고 해도 우리들은 결코 직접적으로 확인할 수가 없고 인식할 수도 없다. 소박한 인식 모델에 의해

오위백법

```
                              ┌─ 안식(시각)
                              ├─ 이식(청각)
                              ├─ 비식(후각)
                              ├─ 설식(미각)
                  심왕(8) ────┤─ 신식(촉각)
                              ├─ 의식(지각)
                              ├─ 말나식(항상적 아집)
                              └─ 아뢰야식(세계와 업의 기초)

                              ┌─ 안근(시각기관)
                              ├─ 이근(청각기관)
                              ├─ 비근(후각기관)
                              ├─ 설근(미각기관)
                              ├─ 신근(촉각기관)
                  색법(11) ───┤─ 색(시각의 대상)
                              ├─ 성(청각의 대상)
                              ├─ 향(후각의 대상)
                              ├─ 미(미각의 대상)
                              ├─ 촉(촉각의 대상)
                              └─ 법처소섭색(의식의 대상으로서의 물질. 원자 등)
유위법 ──┤
                  심소법(51) ─────────────────────────────────────────

                              ┌─ 득(기술이나 예술을 몸에 체득하는 것)
                              ├─ 명근(수명)
                              ├─ 중동분(류개념 같은 것)
                              ├─ 이생성(범부를 범부답게 하는 것)
                              ├─ 무상정(무상천에 생하는 원인이 되는 선정)
                              ├─ 멸진정(성자가 수행하는 무심의 선정)
                              ├─ 무상사(무상천. 잘못 열반으로 착각되는 세계)
                              ├─ 명신(단어류)
                              ├─ 구신(문장류)
                              ├─ 문신(음소류)
                              ├─ 생(사물이 태어나는 것)
                              ├─ 노(사물이 변화하는 것)
               심불상응법(24) ─┤─ 주(사물이 자주 그 존재방식을 보존하는 것)
                              ├─ 무상(사물이 비존재로 돌아가는 것)
                              ├─ 유전(사물이 변천해 가는 것)
                              ├─ 정이(선의 인과와 악의 인과는 완전히 다른 것)
                              ├─ 세속(인과의 흐름이 빠른 것)
                              ├─ 차제(사물에 전후순서가 있는 것)
                              ├─ 방(방위)
                              ├─ 시(시간)
                              ├─ 수(수)
                              ├─ 화합(원인으로부터 결과에로 다수의 인연이 개재하는 것)
                              └─ 불화합(사물이 각각의 독자성을 갖는 것)

                 ┌─ 허공무위(진여가 허공과 같은 것)
                 ├─ 택멸무위(지혜=택력에 의해서 획득한 지혜)
무위법 ──────────┤─ 비택멸무위(지혜의 소득에 관계없는 진여)
                 ├─ 부동무위(진여가 고락을 여의는 것)
                 ├─ 상수멸무위(진여가 상도 수도 여읜 것)
                 └─ 진여(사물의 본성)
```

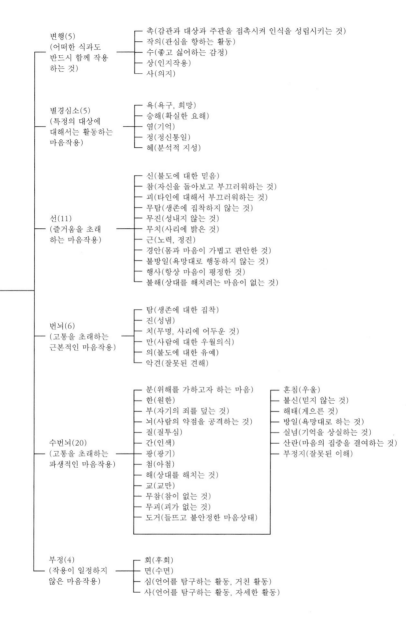

변행(5)
(어떠한 식과도
반드시 함께 작용
하는 것)
- 촉(감관과 대상과 주관을 접촉시켜 인식을 성립시키는 것)
- 작의(관심을 향하는 활동)
- 수(좋고 싫어하는 감정)
- 상(인지작용)
- 사(의지)

별경심소(5)
(특정의 대상에
대해서는 활동하는
마음작용)
- 욕(욕구, 희망)
- 승해(확실한 요해)
- 염(기억)
- 정(정신통일)
- 혜(분석적 지성)

선(11)
(즐거움을 초래
하는 마음작용)
- 신(불도에 대한 믿음)
- 참(자신을 돌아보고 부끄러워하는 것)
- 피(타인에 대해서 부끄러워하는 것)
- 무탐(생존에 집착하지 않는 것)
- 무진(성내지 않는 것)
- 무치(사리에 밝은 것)
- 근(노력, 정진)
- 경안(몸과 마음이 가볍고 편안한 것)
- 불방일(욕망대로 행동하지 않는 것)
- 행사(항상 마음이 평정한 것)
- 불해(상대를 해치려는 마음이 없는 것)

번뇌(6)
(고통을 초래하는
근본적인 마음작용)
- 탐(생존에 대한 집착)
- 진(성냄)
- 치(무명, 사리에 어두운 것)
- 만(사람에 대한 우월의식)
- 의(불도에 대한 유예)
- 악견(잘못된 견해)

수번뇌(20)
(고통을 초래하는
파생적인 마음작용)
- 분(위해를 가하고자 하는 마음)
- 한(원한)
- 부(자기의 죄를 덮는 것)
- 뇌(사람의 약점을 공격하는 것)
- 질(질투심)
- 간(인색)
- 광(광기)
- 첨(아첨)
- 해(상대를 해치는 것)
- 교(교만)
- 무참(참이 없는 것)
- 무괴(괴가 없는 것)
- 도거(들뜨고 불안정한 마음상태)
- 혼침(우울)
- 불신(믿지 않는 것)
- 해태(게으른 것)
- 방일(욕망대로 하는 것)
- 실념(기억을 상실하는 것)
- 산란(마음의 집중을 결여하는 것)
- 부정지(잘못된 이해)

부정(4)
(작용이 일정하지
않은 마음작용)
- 회(후회)
- 면(수면)
- 심(언어를 탐구하는 활동, 거친 활동)
- 사(언어를 탐구하는 활동, 자세한 활동)

* 또한 무위법은 유위법의 실성(법성·진성)이며 유위법과 별도로 존재하는 것은 아니다. 또한 심불상응법
(사물도 마음도 아닌 독자의 존재)은 색과 심의 현상 위에 임시로 세워진 것으로 진실로는 존재하지 않는
다. 게다가 색법(물질적 존재)는 심법(심왕·심소)이 현현한 것이며 존재로서는 심법에 귀속된다. 이렇게
해서 결국 실유의 법은 심왕과 심소만이다.

서도 외계의 자극이 무엇인가가 신호화되어 그것이 신경을 타고 뇌에 전달되어 거기서 뇌가 신호를 근거로 상을 재생한 것을 우리들은 본다든지 혹은 듣는다든지 한다. 실로 영상적 세계이다.

분자생물학자인 도네가와 스스무(利根川進)는 다치바나 다카시(立花隆)와의 대담 중에 "저는 유심론자입니다. … 그렇기 때문에 이 세계가 여기에 이렇게 있는 것은 우리들의 브레인이 그것을 그러한 것으로서 인식하고 있기 때문입니다. … 결국 인간의 브레인이 있기 때문에 세계는 여기에 존재하는 것입니다. 그러한 의미에서 저는 유심론자입니다."(『정신과 물질』, 문예춘추)라고 말한다. 이것은 과학자의 냉엄한 견해이다.

결국 우리들은 영상적 세계에 대해서 언어를 사용하고 그리고 역으로 거기에 상주불변하는 사물의 존재를 인정하는 듯한 인식을 행하고 있는 것이 실정이다. 문제는 앞의 모델에서 말하면 영상을 낳는 근거가 되는 외계의 존재가 참으로 실재하는지의 여부이다. 오늘날의 이론물리학에서는 물질의 본체를 추구하는데 아톰(원자)을 구성하는 더 미세한 단위까지 규명되고 있다. 그러나 거기서 궁극의 물체는 발견되었던 것일까? 게다가 하이젠베르그의 불확정원리에 의하면 요컨대 주관으로부터 완전히 독립한 객관은 전혀 존재하지 않는다.

'다만 식뿐'인 세계관

유식의 사고방식에서는 어떠한 외계의 독립된 실체도 인정하지 않는다. 그 논증을 지금 상세하게 설명할 수는 없지만 물론 그 배경에는 요가 체험이 있는 것이다. 원래 유식은 존재를 현재밖에 인정하지 않는다. 과거나 미래의 존재는 인정하지 않는다. 과거나 미래가 없다는 것은, 과거는 '있었던' 것이며 미래는 '있을' 것이어서 지금은 없는 것이라는 의미이다.

게다가 유식은 변화하는 현실(諸行無常)을 설명하기 위해서 존재는 찰나멸(찰나찰나 생기자마자 소멸한다)이라고 본다. 두 개의 찰나 이상에 걸쳐서 실체적으로 자기 동일을 보존하는 것은 불변의 실체가 아니면 가능하지 않다. 그렇다면 변화가 있다고 하는 것은 찰나찰나 생기자마자 소멸한다고 말하지 않을 수 없는 것이다.

이렇게 해서 상주불변의 존재는 전혀 인정하지 않고 감각을 초래하는 외계의 실체로서의 존재는 어디까지나 부정된다. 다만 뒤에서 기술하는 아뢰야식은 자신 속에 기세간 즉 물질적인 환경세계(및 유근신 즉 신체)를 유지(물론 찰나멸이다)하고 있고, 오감은 그 기세간에 근거하여 색을 본다든지 소리를 듣는다든지 한다고 생각되고 있다. 감각에 있어서는 외적인 물질적 환경도 역시 아뢰야식의 일부이며 그것 때문에 유식이라는 것에는 지장은 없다.

찰나찰나, 오감 등이 드러나고는 소멸하며 드러나고는 소멸하면서 흘러간다. 이 감각이나 지각으로서의 다만 식만의 세계에 대해서 의식(意識, 오감의 식과 구별된다. 여섯 번째의 지적인 활동의 식)은 언어에 의해서 분절화하여 질서를 형성할 뿐만 아니라 그 분절화에 대응하는 실체로서의 존재를 인정하여 그것을 집착한다. 거기서 근본적으로 잘못된 전도망상이 있다고 유식은 말하는 것이다. 이것이 유식 세계관의 요점이다.

대상을 내장하는 8개의 식

그 유식만의 식에는 안식·이식·비식·설식·신식이라는 오감의 식, 나아가 지적 판단 등을 행하는 의식이 있다. 그리고 그것뿐만 아니라 말나식과 아뢰야식이라는 식을 세워 여덟 개의 식이 있다고 유식은 설명한다. 말나식은 항상적인 아집의 식이다. 잠자고 있어도 혹은 선행을 행하고 있어도 항상 아집이 작동하고 있다. 그것을 말나식이라 한다.

이 말나식은 의식의 근거로서, 의식을 그 아집에 의해서 오염시킨다. 말나식은 아뢰야식을 상주불변의 자아라고 판단하여 이것에 집착하지만 그 집착의 활동은 선천적이기도 하다. 이 말나식을 초기 유식 논서는 의(意, 마나스)라고 표현하는 것이 많지만, 그 경우에도 심소와 상응하는(2장 100-101쪽 참조. 유식의 경우 식 밖의 대상으로서의 소연을 같이하는 것은 제외된다) 것으로서 설해진다. 결국 의라고만 기술되는 경우로부터 이미 심왕 즉 식으로 생각되고 있었다.

다음에 아뢰야식은 아라야 즉 장(藏)의 식이라는 의미이다. 그것은 무시(無始)에서 무종(無終)으로 흘러가는 것(찰나멸이면서 상속한다)이며 그 속에서 아뢰야식에서 생기한 다른 7식의 인식내용의 일체를 종자라는 형태로 저장해 간다. 그렇기 때문에 장의 식이라고 하는 것이다. 이 아뢰야식과 7식의 관계는 뒤에서 설명할 것이다. 앞에서도 기술한 바와 같이 아뢰야식은 기세간(器世間, 물질적 환경)과 유근신(有根身, 신체)을 유지하고 있다. 유식에서는 식이라는 것이 어떠한 것이든 그 속에 그 식 자신의 대상을 가지고 있는 것이다.

안식은 색을 본다. 실은 그것이 푸르다면 푸른색이 식 안에 현현한다고 말할 수밖에 없다. 그래서 식이란 단순한 주관이 아니며 물론 단순한 객관도 아니다. 소위 '사건' 그것으로 간주해야만 한다. 유식이란 '오직 식뿐'이라는 것에 다름 아니다. 유식설은 유심론이라기보다는 사건적 세계관인 것이다.

그러나 현현한다는 것은 그것이 거기에 보이는 것이다. 이렇게 해서 안식이라면 안식 속에서 보이는 것과 보는 것이 분석된다. 술어로서는 보이는 것을 상분(相分), 보는 것을 견분(見分)이라 한다. 그와 같이 하나의 식 안에는 상분과 견분이 분석된다. 유식의 식이란 결코 단순히 보는 것(주관)이 아니라, 스스로 현현한 소연(所緣, 인식대상)을 내장한 것이다.

안식에 있어서 상분은 색이다. 이하 이식 · 비식 · 설식 · 신식의 상분은 차례대로 소리 · 향기 · 맛 · 감촉이다. 의식은 일체 법(모든 존재)을 상분으로 한다. 말나식은 아뢰야식에 근거하여 상주하는 자아의 상을 상분으로 하는 것이다. 그리고 아뢰야식도 식이기 때문에 상분을 갖는다. 아뢰야식의 상분은 기세관 및 유근신 그리고 종자이다. 또한 아뢰야식의 세계는 견분과 상분 모두 불가지(不可知)이다.

이렇게 해서 8식 가운데 색깔이나 소리 등이 현현한다. 상당히 항상적으로 같은 현상이 현현하는 경우도 있지만, 순간적으로 현현하여 소멸하는 현상도 있다. 그 8식의 찰나멸의 흐름으로서 세계에 대해 언어를 매개로 한 실체화가 행해지는 것이다.

아뢰야식에 근거한 생사윤회

앞서 아뢰야식은 다른 7식의 일체의 인식내용을 저장하고 있다고 기술했다. 그것은 다음과 같은 구조에 의한 것이다. 오감의 식·의식·말나식을 일괄하여 칠전식(七轉識)이라 한다. 7전식이 여러 인연에 의해서 (종자로부터) 생기하고 각각의 내적인 대상을 인식하면 그 인상은 즉시 아뢰야식에 저장된다. 우리들이 본다든지 혹은 무엇인가를 느낀다든지 하는 모든 것이 의식 아래의 아뢰야식에 머물러 버린다는 것이다. 이것을 훈습(熏習)이라 한다. 훈습이란 기름을 만드는 원료(열매 등)에 향기를 가진 꽃을 섞어서 기름을 짜면 향기가 나는 기름이 나오는 것과 같다. 요컨대 향기가 전이한 것이다.

이렇게 해서 아뢰야식에 훈습된 기분을 습기(習氣)라 한다. 이 습기가 아뢰야식에 보존·유지되어 그것이 또한 뒤에 미래의 7전식의 활동의 원인이 된다. 이 원인이 되는 것을 눌러서 그 습기를 종자라고도 부른다. 한편 7전식은 현실에 인식활동을 행하는 사태(어디까지나 찰나멸이다)를 현행(現行)이라 한다.

그렇다면 현행은 아뢰야식에 종자를 훈습하고 종자는 현행을 낳는 것이 된다. 즉

현행훈종자(現行熏種子)

종자생현행(種子生現行)

라는 구조가 아뢰야식과 7전식 사이에는 존재하는 것이다. 현행은 종자로부터 생기지만 그 종자는 현행에서 생긴다. 그렇다면 도대체 어떤 것이 앞서 존재하는가? 이것에 대해서 불교는 시간의 시원을 대상적으로 파악하려고 하지는 않는다. 따라서 그것에는 쌍방 모두 무시(無始)라고 할 뿐이다.

덧붙여서 종자생현행(種子生現行)에서 종자와 현행은 동시이다. 현행훈종자(現行熏種子)에서 현행과 종자도 동시이다. 그렇다면 종자생현행·현행훈종자는 모두 동시인 것이 된다. 이때 처음의 종자와 나중의 종자는 현행에서 다양한 인연이 더해지기 때문에 반드시 동일하다고는 말할 수 없을 것이다. 그렇다고 해도 종자-현행-종자의 3자는 동시이다. 이것을 '삼법전전(三法輾轉), 인과동시(因果同時)'라 한다.

또한 아뢰야식은 찰나멸이다. 거기서 전찰나의 아뢰야식에 있었던 종자(현행하지 않았던 종자나 새롭게 훈습되었던 종자)는 다음 찰나의 아뢰야식에 전부 자기 자신과 같은 것을 인도한다고 한다. 이것을 종자생종자(種子生種子)라 한다. 이렇게 해서 일체의 과거의 경험이 그때마다 현재에 전달되어 가는 것이다.

그때마다 현재에 성립한 그 사람의 모든 과거의 모습이 단지 그 사람의 일생뿐만 아니라 무시에서 무종으로 상속하는 아뢰야식을 전하여 생사윤회를 통해서 전달되어 가는 것이 된다. 이 아뢰야식이 설해짐으로써 무아인 것임에도, 게다가 과거는 역시 존재하지 않고 현재만이 실유임에도 불구하고, 특정한 개인의 행위 결과가 그 특정의 개인에게 응보되어 간다고 하는 업의 설명도 가능하게 되었던 것이다.

유식의 심소분석

이렇게 해서 아뢰야식 속의 종자로부터 연(緣)에 응해서 7전식 속의 어떤 것이 생기한다. 그 찰나찰나의 상속이 있다. 그 가운데 아무래도 세계가 항상적으로 현현한다. 그것에 대해서 의식은 언어를 매개로 자의적으로 분절하고 나아가 그 분절 그대로 상정된 실체에 집착한다. 그 근본에는 본래 공인 존재를 공으로 알지 못하는 무명이 있기 때문이다. 이렇게 해서 사람은 괴로운 생존 속에서 살아가는 것이다.

그렇다고 하면 유식의 이 이론에 의하면 한 사람의 실질은 실은 8식인 것이다. 한 사람마다 하나의 마음이 있고, 그것이 본다든지 듣는다든지 각종으로 작용하는 것이 아니다. 원래 다양한 식이 있고 그것이 조건에 응해서 무엇인가가 복합하여 생기해 갈 뿐이라는 것이다.

그것만이 아니다. 식이 심왕인 것에 대해서, 그것과 상응하여 일어나는 몇 가지의 심소(상세히는 심소유법)라는 것도 있다. 유식에서는 그 심소에 51개의 법을 소속시키고 있다. 앞에서 살펴본 설일체유부의 분류방식이나 내용과는 약간 다른 점도 있지만 유식에도 이러한 아비다르마가 있는 것이다.

이들 유식의 심소 분석의 존재방식, 각 심소의 내용은 앞에서 게재한 5위 100법에 맡기고자 한다. 이것에는 소위 유식의 심리학이라고 해야 할 측면도 있다.

유식이란 오직 심왕 · 심소뿐이라는 의미

심왕=식은 단순한 주관이 아니라 거기에 상분 · 견분이 분석되었던 것처럼, 심소 안에도 상분과 견분은 분석된다. 심소도 각각 영상을 떠올리는 것이다. 어느 하나의 심왕에 무엇인가의 심소가 상응할 때 심왕의 상분과 그것에 상응하는 심소의 상분은 공통인 것이 된다. 안식이 푸른색을 볼 때(푸른색으로 현현할 때), 그 안식과 상응하는 심소도 가령 수 · 상(受 · 想)이라든가 탐 · 치(貪 · 癡)와 같은 심소도 같은 청색을 상분에 현현하면서 수(受)는 고락(苦樂)을 감수하고, 상(想)은 모양을 인지하고, 탐(貪)은 탐착하는 것처럼 각각의 기능을 발휘하는 것이다.

우리들의 인식 혹은 세계란 그러한 다원적인 심왕 · 심소의 복합체 속에 성립한다고 유식은 말한다. 그것이 조건에 따라서 조합을 바꾸면서 찰나찰나 생멸하면서 상속시켜 가는 것이다. 따라서 거기에는 상주하는 자아는 존재하지 않는다. 게다가 단일한 자아도 존재하지 않는다. 개체로서의 어떤 조직은 아뢰야식이라는 형태로 보증되고 있는 지도 모른다. 그러나 실제는 다원적 다르마

(심왕·심소)의 연기에 의한 복합적 생기의 연속이 있을 뿐이다.

이와 같이 유식(오직 식뿐)이란 실은 오직 심왕·심소(오직 심왕·심소뿐)뿐이라는 것이며 오온무아설(五蘊無我說, 다섯 개의 요소는 있어도 자아는 존재하지 않는다) 이래의 다르마 다원론적 구조를 가지고 있는 것이다. 유식은 그러한 형태에서도 무아라는 것, 공이라는 것을 보증한다. 또한 다원적인 다르마를 생출하는 각각의 종자가 원래 다원적으로 아뢰야식 속에 있는 것이며, 뒤에 그것은 '계(界)'라고 해석되었다. 이와 같이 다원적인 원인을 인정하기 때문에 유일한 원인으로 상정되는 주재신 등을 인정하지 않는 연기의 사고방식이 가능한 것이다.

덧붙여서 사람들이 유식이라고 하여 하나하나가 각각 다원적 다르마의 복합체이다. 왜냐하면 개인 외부에 개인의 존재를 인정하는 것이 된다. 그렇다면 그것은 외계실재론을 인정하는 것은 아닌가라고 사람들은 물을지도 모른다. 그러나 유식은 그 외측의 사람들도 각각 오직 식뿐이기 때문에 결국 유식의 이론에 저촉하지 않는다고 하는 것이다. 게다가 그 개체와 개체 사이에는 가령 기세간의 동형성(同型性) 등도 있어, 상호 간에 커뮤니케이션도 성립한다고 생각된다. 따라서 식은 직접으로는 자신의 식 안의 대상을 인식하고 있을 뿐이라고 해도 독아론(獨我論)이 되는 것은 아니다.

3. 연기의 정리(正理)

삼성설(三性說)의 사고방식

유식설의 이론에 의하면 우리들의 실질은 아뢰야식에 근거한 연기 속에 생기해 가는 심왕과 심소 복합체의 찰나멸 속 상속이다. 그것을 의타기성(依他起性)이라 한다. 타자에 의거해서 비로소 있을 수 있는 존재라는 것이다.

그리고 그 위에 실체로서 집착된 사물이나 자아는 변계소집성(遍計所執性)이라 한다. 변계소집성은 주로 의식에 의해서 언어를 매개로 영원불변의 존재인 것처럼 파악되고 나아가 집착되는 것이다. 가령, 안식의 상분(안식 속에 현현한 색) 등은 식의 일부이자 식 그것이며 연기 속에 성립하는 의타기성이다. 그것을 근거로 하면서 실체시되어 집착된 것이 변계소집성이다. 또한 말나식이 집착하는 자아도 당연히 변계소집성일 것이다.

그런데 8식 및 심소의 의타기성은 실로 연기 때문에 자신에 의해서 자신의 존재를 지탱하는 것이 아니다. 즉 그 존재는 불변의 본체를 가지지 않기 때문에 무자성이며 공이다. 의타기성은 변화해가는 세계(유위법)임에도 불구하고, 그 세계가 무자성·공이라고 하는 그 본질인 공성은 변화하는 것이 아니다. 그것을 원성실성(圓成實性)이라 한다. 이미 완성되어 있는 존재라는 의미이다. 그것을 또한 법성(法性)이라든가 진여(眞如)라고도 부른다.

이와 같이 세계를 변계소집성·의타기성·원성실성의 세 개의 존재방식으로 보고 있는 이론을 삼성설이라 한다. 그 근본에는 언어의 표시대상(의미)과 지시대상을 변계소집성과 의타기성으로서 적확하게 변별해 가는 예리한 시점이 있는 것이다.

원성실성은 의타기성의 본성이다. 우리들은 미혹으로 존재하지만 다량으로 번뇌·수번뇌의 심소가 생기지만, 그 의타기성의 본질·본성으로서 우리들의 발아래에 있다. 그것을 자성원성실(自性圓成實)이라 한다. 이와 같이 원성실성은 깨달은 뒤 완성되는 것이 아니라 이미 현재 완성되어 있는 것이다. 그것을 또한 자성청정(自性淸淨)이라 하고 자성열반(自性涅槃)이라고도 한다.

이상으로 유식의 세계관의 대강을 기술한 것 같다. 우리들이 고집하고 있는 자아나 사물은 영상적 혹은 다원적 혹은 연기적 세계, 게다가 찰나멸하면서 상속(내지 계기)하는 세계 위에 잘못하여 인정된 것이며 본래는 존재하지 않았던 것이다. 영상을 본래의 존재라고 잘못 말하는 것은 TV를 보고 있는데, 거기에 본인이 실재하고 있다고 생각하는 것과 같다.

하지만 이 세계에 본래적 존재(상주불변의 실체)는 그 어느 것도 존재하지 않는다. 존재하는 것은 이른바 오직 심왕·심소뿐이며 다른 방식으로 말한다면 의타기성뿐이다. 이것을 하나의 이치 속에 요해했을 때 우리들은 본래 없는 것을 있다고 생각해 버리는 망상을 여의고 진실, 그것을 확실하게 끝까지 지켜보아야 할 것이다. 불교에서는 그것이 괴로운 삶에서 해탈하는 길임을 강조한다.

연기도 초월하고 유식도 초월하고

덧붙여서 의타기성만이 있다고 하는, 연기의 세계뿐이라고 하는 그것은 어떠한 것을 의미하는 것일까. 『중론』에는 인과관계나 소위 연기관계조차 진실로는 성립하지 않는다는 것이 설해져 있다. 원인은 결과를 실현하기 이전에 소멸하여 무로 돌아간다면 원인에서 결과가 생겼다고 말할 수도 없다. 그러나 결과가 실현되는 곳에 또한 원인이 있다고 한다면 거기에는 역시 시간적 인과관계는 있을 수 없다. 그러한 것이 빈번하게 설해졌던 것이다.

그렇다면 유식에서는 연기를 어떻게 보고 있는가? 『성유식론』은 연기에 관해서 다음과 같은 논의를 전개하고 있다. 어떤 사람이 '원인이 현재 존재하고 결과가 아직 생기지 않았을 때는 원인을 원인이라고도 말할 수 없을 것이다. 결과가 현재 성립하여 원인은 이미 소멸했을 때는 그 결과는 도대체 무엇의 결과일까? 그렇기 때문에 찰나멸 상속의 입장에 서면 인과관계는 성립하지 않는다.'라고 한다. 이것에 대해서 유식은 '만약 원인이 존재하는 시점에 이미 뒤(미래)의 결과가 있다면, 결과는 이미 본래 존재하는 것이 되며 어떻게 해서 이전(과거)의 원인을 가질 수가 있을까? 그쪽은 인과관계가 성립하지 않게 될 것이다.'라고 한다. 그렇게 해서 유식의 연기 이해를 다음과 같이 설하고 있다.

그렇기 때문에 대승의 연기의 정리(正理)를 믿어야 한다. 이 정리는 심오하고 미묘하여 본래 언설을 떠나 있는 것이 참된 것이다. 원인 · 결과 등의 말은 모두 임시적 시설(설정)에 지나지 않는 것이다. 요컨대 현재의 법이 이후(미래)의 법을 이끄는 작용이 있다는 것을 관찰하고서 임시로 미래의 결과를 세워서 그리고 그것에 대해서 현재의 원인이라고 하는 것이며 현재의 법이 이전(과거)에 응수하는 상이 있다는 것을 관찰하여 임시로 과거의 원인을 세워서 그리고 그것에 대해서 현재의 결과를 설하는 것이다. 여기서 임시로라고 했던 것은 현재의 식이 과거나 미래와 유사한 상을 드러내는 곳에서 말하는 것이다(권3).

요컨대 유식은 가령, 다르마의 인과관계가 객관적으로 존재한다고는 하지 않는다. 그것은 어디까지나 현재의 다르마(8식 및 심소) 위의 상에 가설하고 있을 뿐이라고 하는 것이다. 연기라는 것도 천착해 들어가면 사실로서 인정되는 것이 아니라 하나의 가정적 표현에 지나지 않는 것이다.

인과관계가 어디까지나 현재에 가설되는 것은 본래 존재론적으로 현재만 실재로 존재하며 과거나 미래의 존재는 현재에 존재하지 않기 때문이다. 어떤 현재가 있다. 그것이 찰나 속에 소멸한다. 이때 '이전의 원인이 소멸하는 단계에서 이후의 결과도 즉 생기는 것은 저울의 눈금이 낮고 높아질 때 등 원인과 결과가 상속하는 것은 마치 사나운 폭류가 흐르는 것과 같다'라고 설명된다. 앞의 시간이 소멸하고 다음 시간이 생기는 것은, 마치 저울의 한쪽이 내려가면 한쪽이 올라가는 것이 동시인 것처럼, 동시라고 하는 것은 현재가 소멸함과 동시에 현재가 생기는 소위 현재에 현재가 생긴다는 것이다. 결국 항상 현재밖에 존재하지 않는 것이다.

그 '영원한 지금', 결코 대상화할 수 없는 지금의 상속은 본래 언어를 떠난 것이다. 현재에 현재가 생기는 곳에는 직선적인 시간은 존재하지 않는다. 직선적인 시간은 뒤에서 임시로 구성된 것이다.

그렇다면 실체적으로 집착된 자아나 존재가 없는 것은 물론 궁극적으로는 연기의 관계성을 제시하는 의타기성이라는 언어조차 세계의 사실 그것을 그 자체로 존재한다고 표현하는 것이 아니라 무엇인가의 반성의 장(도리세속)에서 말해지는 것이 된다. 그렇다고 한다면 우리들은 이러한 유식의 사상을 배워서 유식이나 의타기성 등을 알 때 그 관념조차도 초월하여 나아가 사실 그것, 진실 그 자체를 확실하게 끝까지 지켜보아야 할 것이다.

4. 수행과 성불

유식수행의 5단계

이렇게 해서 수도론이 다음의 주제가 된다. 그 수도론의 핵심은 이 장의 처음에서 기술한 바와 같이 세계는 오직 식뿐이라는 하나의 요해도 초월하고 무분별지에 의해서 진여를 증득하는 것이었다. 물론 그러기 위해서는 선정(禪定)이 불가결이다.

간략하게 기술하면 이 유식의 수도론은 5단계(五位)로 조직된다. 자량위(資糧位)·가행위(加行位)·통달위(通達位)·수도위(修道位)·구경위(究竟位)가 유식수행의 5단계이다. 자량위은 수행의 초

보이다. 이른바 긴 마라톤 레이스에서 견딜 수 있는 기초체력을 몸에 지니는 단계로서 육바라밀이나 그 외의 기본적 수행을 행한다. 가행위는 수행이 상당히 성숙한 것으로 깨달음을 열기 위해서 선정 속에서 유식관의 관법을 행하는 단계이다. 이 속에서 소취와 능취의 분별을 떠난다. 통달위(見道)는 무분별지가 열리고 진여가 증득되는 단계이다. 말나식의 자기중심주의가 철저하게 극복되어 자타평등성을 깨닫는 것이다(평등성지). 일체법의 공성 그것이 깨달음으로 증득되는 지위이다. 그렇다면 의식(제6의식)도 지혜로 전변하여(妙觀察智), 이 지혜의 눈으로 세계를 볼 수가 있는 것이다. 이 견도의 지위는 십지 수행의 가장 최초의 단계(初歡喜地)에 들어간 곳이다. 왜냐하면 무분별지가 열리고 법에 대해 집착하는 번뇌가 끊어졌다고 해도 거기서 모든 것이 해결된 것은 아니며, 아뢰야식에는 아직 번뇌의 종자(게다가 생득적인 것)이 남아 있기도 하기 때문이다.

이어서 수습위의 수행이 시작된다. 이것은 십지의 수행이다. 십지의 수행이란 10단계로 나누어진 수행으로 『십지경』(『화엄경』 십지품)에서 설해진 것(제3장 166, 167쪽 참조)을 기초로 하는 것이다. 거기서는 보시 · 지계 · 인욕 · 정진 · 선정 · 반야 · 방편 · 서원 · 힘 · 지혜라는 10바라밀의 수습이 설해진다. 또한 이 수도에서는 무분별지를 자주 수행함으로써 남아 있는 번뇌의 종자나 습기가 끊어지고 있는 것이다. 8지 이후는 아울러 아집이 없어져 버린다. 다만 구제해야 할 중생은 존재하며, 실현해야 할 보리도 존재한다고 하는 법에 대한 집착[法執]을 간신히 일으켜서 자유자재하게 사람들을 구제하는 활동을 하는 것이다.

그리고 구경위에는 드디어 부처가 되는 것이다. 그것은 요컨대 자각각타(自覺覺他, 스스로 깨닫고 남도 깨닫게 하는 것)의 원만한 존재, 자리리타(自利利他)의 원만한 존재가 되는 것이다. 일반적으로 불도수행을 52지위(지위는 단계의 의미)로 표현할 수가 있다. 십신·십주·십행·십회향·십지·등각·묘각이라는 것이다. 그러나 그것은 주로 중국에서 설해진 것이며 인도의 정통적인 계위는 십주·십행·십회향·십지·불의 41의 지위와 같다.

앞의 오위 중 자량위는 이 41위 가운데 십주·십행·십회향에 해당된다. 가행위는 십회향의 마지막 단계이다. 통달위는 십지의 초지에 들어간 단계이다. 수습위는 그 이후의 십지이다. 그리고 구경위는 불과(佛果)에 해당된다. 이 사이 삼대아승기겁(三大阿僧祇劫)의 시간(제3장 167쪽 참조)이 걸린다고 한다. 십주에서 십지의 초지(견도)까지가 일대아승기겁(一大阿僧祇劫), 초지에서 제7지까지가 일대아승기겁, 제8지에서 불과까지가 일대아승기겁이다. 유식 그것은 어디까지나 시간을 걸쳐서 수행해 가는 '닦음(修)'의 불교이며, 한 생각(일찰나)에 성불하는 것은 전혀 말하고 있지 않다.

불(佛)의 분석

유식은 수행을 원인으로 하고 그 결과로서의 불신론(佛身論)도 상세히 설명한다. 도대체 불이 된다고 하는 것은 어떠한 것일까? 유식의 언어로 말하면 그것은 8식 모두가 지혜로 변하는 것이다.

유식설에서 수도의 계위

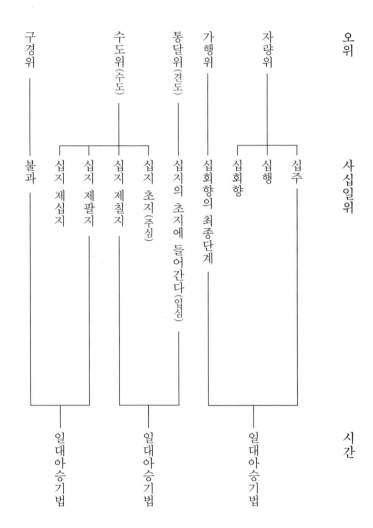

오위	사십일위	시간
자량위	십주 / 십행 / 십회향	일대아승기법
가행위	십회향의 최종단계	
통달위(견도)	십지의 초지에 들어간다(입심)	일대아승기법
수도위(수도)	십지 초지(주심) / 십지 제칠지 / 십지 제팔지 / 십지 제십지	일대아승기법
구경위	불과	

아뢰야식은 대원경지(大圓鏡智)로 변한다. 둥글고 큰 거울과도 같은 지혜가 대원경지이다. 우주의 삼라만상 일체를 거기서 비추고 있는 것이다.

말나식은 평등성지(平等性智)로 변한다. 평등성이란 일체 존재의 본성으로서 진여의 의미이기도 하지만, 앞에서도 기술한 바와 같이 자타평등성이라는 의미이기도 하다. 여기서 이 평등성지는 대비의 원천이라고도 하는 것이다.

의식은 묘관찰지(妙觀察智)로 변한다. 다양한 사물의 상에 관해서 전체 속의 위치 지움이나 관련의 구조를 적확하게 다 안다고 한다. 의식은 언어 기능을 주관하지만, 그 지혜로 변화한 묘관찰지는 설법의 주체로도 된다.

오감의 식(안식·이식·비식·설식·신식)은 성소작지(成所作智)로 변한다. 소작이란 지어진 것이라는 의미로서 그 지어져야 할 것이란 수행의 최초(本)에 섰던 원(願)에 서원한 것이다. 그것을 실현하고 있는 지혜가 성소작지이다. 그것은 사람들의 오감에 불도로 인도하기 위한 무엇인가의 영상(불의 모습 등)을 투영하기도 한다.

평등성지·묘관찰지는 초지(통달지, 견도)에서 일어나는 것(제7식·제6식이 그때 그것으로 완전히 변해 버린다는 것은 아니다. 그 초지 중에는 일시적 혹은 수행 시에만 일어나는 것이다)이지만 대원경지·성소작지는 불과(佛果)에 이르러 비로소 실현되는 것이다.

이렇게 해서 8식이 모두 사지(四智)로 전변하면 불이 되는 것이다. 이 불에 삼신(三身)이 분석된다. 자성신·수용신·변화신이다. 이 삼신을 일괄하여 법신(法身)이라 부른다. 다만 일반적으로는 법신을 자성신이라 하고 수용신은 또한 보신이라 하며 변화신은 화신이라고 부르는 경우도 많다. 법신·보신·화신의 삼신설이다. (응신이라는 말도 있지만, 이것은 화신의 별명이다.)

원성실성에 자성원성실이 있는 것처럼 우리들도 이미 법신을 자성으로 삼고 있다. 우리들의 법신은 불의 법신의 완전한 평등성이다. 이지불이(理智不二)라고 할 때의 이치가 여기에 해당한다. 다만 유식에서는 법신에 지는 포함되지 않는다고 본다.

보신(報身)은 수행이라는 원인에 보답된 결과라는 의미이며 사지(四智)를 의미한다. 사지의 모두가 보신이다. 이것은 수용신이라고도 하는 것이지만 이것을 둘로 나누는 경우가 있다. 자수용신(自受用身)과 타수용신(他受用身)이다. 자수용신은 이전에 수행한 결과로서의 공덕을 자신이 수용하는 것이라는 의미이며 법에 대한 기쁨[法悅]을 맛보고 있는 것과 같은 것이다. 사지의 모두가 이것에 해당된다. 타수용신이란 그 공덕을 타자에게 수용케 한다는 것으로, 평등성지를 토대로 묘관찰지가 설법하는 것을 말한다. 다만 이 수용케 하는 대상은 십지의 초지에 오른 보살 이상이다. 요컨대 아직 견도의 지위에 도달하지 못하고 무분별지를 열지 못한 보살은 그 대상이 되지 않는다.

화신(化身)은 그러한 범부인 사람들을 위해서 성소작지가 현현한 불신(佛身)으로, 이것은 사람들의 마음의 영상 속에 보이는 것이다. 이렇게 해서 보면 각종의 복잡한 이론이 설해지고 있지만, 핵심은 부처란 자각각타의 원만한 존재이며 자리리타의 원만한 존재이다. 그런데 무한히 모든 사람들의 구제를 서원하여 오로지 활동하고 있는 존재라는 것이다. 이렇게 해서 아법(我法)의 이공(二空)을 닦음으로써 궁극적으로 그러한 존재로 실현해 가는 것이 유식의 번쇄한 이론체계 중에서 추적해 가는 것이었다.

유식과 중관의 공통점과 차이점

유식도 대승불교이다. 따라서 삼세 시방에 모든 부처님의 존재를 인정하는 것이 된다. 과거세에 이미 부처인 분이 많이 존재했을 것이다. 그러면 그러한 많은 부처님들의 대비의 마음에 우리들은 비쳐지고 있는 것이 된다. 우리들은 부처님의 대비와 눈앞에서 만남으로써 스스로 발심하고 수행하여 부처가 되며 아직 부처가 되지 못한 사람들을 지원해 갈 것이다. 유식도 대승불교로서 그러한 세계를 보고 있는 것이다. 삼세(과거세 · 미래세 · 현재세)에서 무수한 개체(사람들마다 오직 식뿐)의 역동적인 관계가 거기에는 존재한다. 개체와 개체는 상호 간에 평등성을 본질로 하면서 상호 간에 연기적으로 관계하고 있는 것이다.

우리들은 그러한 다수 개체 속의 한 개체이다. 여기에는 인간 존재의 공동체적 본질의 가장 원초적인 형태가 있을 것이다. 우리들에게 유식의 교학이 용의된 것은 이미 평등성을 본 보살이 사람들을 그 평등성의 증견(證見)으로 이끌기 위한 하나의 방편으로, 즉 임시 설정된 것(방편시설)이었다.

그리고 무분별지에 의해서 깨달아 들어간 유식성으로서의 진여는 중관파가 설한 희론적멸의 경지와 다름없다고 나는 생각한다. 깨달아 증득한 각증(覺證)의 한복판에는 무분별지란 말도 진여라는 말도 소멸할 것이다. 단적으로 불생(不生)의 세계일 것이다. 중관도 유식도 대승불교로서 존재에 대한 집착[法執]의 단멸을 철저히 지향하고 있으며 그것은 언어나 대상형상이 일체 부정되는 곳에서 실현된다. 유식이 사람들을 인도하여 들어오게 하는 것은 실로 그러한 것이다.

다만 중관파는 일체의 언표(명제)를 논리적으로 성립하지 않는 것으로서 부정하고 있었던 것에 대해서, 유식은 보이는 것과 보는 것이 다 같이 하나의 식 속에 있다는 식이나, 연기에 의해 생겨도 찰나 속에 자연적으로 소멸한다고 하는 찰나멸 등은 아마도 형식논리적으로는 그것 자체로 이미 모순 그 자체인 개념을 토대로 곧바로 우리들의 자아나 존재의 실체시의 허망성을 해명해 보였던 것이다.

그 의미에서 궤변을 가지고 우롱하는 것과 같은『중론』은 모순율을 구사하는 등 뜻밖에 형식논리학을 고수하고 있는 것이며, 이론적 정합성을 어디까지나 추구하고 있는 것처럼 보이는 유식의 철학은 오히려 기성의 논리를 초월한 논리에 근거한 것이다.

또한 유식은 사람이 깨달음을 실현하면 어떠한 길을 걷고, 성불(成佛)하면 어떠한 활동을 할 수 있는가에 관해서 상세히 기술하고 있다. 부처님의 국토[=정토]에 관한 상세한 분석도 있다. 단지 승의제라는 소위 초월적인 경지만을 지시하는 것이 아니라 깨달은 자는 세계에 어떻게 관계하는가에 관해서 면밀하게 논술하고 있는 것이다. 그러한 의미에서 대승의 이상의 전체상은 유식교학에 의해서 끊임없이 이론적으로 설명되었다고 보는 것이 가능하다.

6장

그 뒤의 불교

공사상의 행방

1. 인도불교의 쇠퇴

석존에서 부파로 분열과 발전

우선 지금까지 기술했던 것을 다시 한 번 역사적인 전개에 따라 간단하게 정리해 보고자 한다. 불교의 개조인 석존은 기원전 383 년에 입멸했으며, 역산하여 기원전 463년이 탄생한 날이다. 불교의 원점이 되는 석존의 성도(成道)는 석존 35세 무렵의 일이었다. 이후 행각(行脚)과 정주(定住, 雨期) 가운데 전도(傳道)의 나날을 보냈다.

석존이 설한 것은 전적으로 자아를 포함하여 대상에 대한 집착을 버리라는 것이었다. 자아에 대한 집착이 허무하다는 것을 제시하기 위해서는 오온무아설(五蘊無我說, 개체를 구성하는 다섯 개의 요소 상에서 자아는 임시로 있다고 간주되고 있을 뿐, 진실로는 존재하지 않는다) 등이 설해졌다. 석존의 설법은 그 뒤 북방에는 『아함경』으로, 남방에는 『니카야』로 전해졌다.

석존의 입멸(佛滅) 뒤 100년 무렵이 되어 그때까지는 모두 하나의 공동체라는 이념하에 운영되어 왔던 불교교단이 크게 분열하는 사태가 발생했다(根本分裂). 시대에 즉응하는 교단운영을 지향한 대중부와 전통 중시의 교단운영을 지향하는 상좌부 등 두 개의 교단으로 분열한 것이다. 일단 교단의 분열이 일어나면 이후에

는 다양한 교단으로 분열해가게 된다(枝末分裂). 이렇게 해서 제2
장 88쪽의 그림과 같은 각 부파가 성립되어 간다. 이들 불교를 부
파불교(部派佛敎)라 한다.

그중에서도 설일체유부의 교학은 부파불교 교학을 대표하는
것으로서 불교 내외에서 널리 배우고 있었다. 그 내용을 굳이 한
마디로 말하면 아공법유의 철학이라고 말할 수 있을 것이다. 개체
나 세계를 구성하는 단위(요소)로서의 법은 있지만, 자아는 존재
하지 않는다고 하여 자아에 대한 집착의 소멸을 이끄는 것이다.

오늘날 스리랑카나 미얀마(구 버마), 타이 등의 동남아시아로
전파된 불교는 상좌부 계통을 잇는 불교이다. 아쇼카왕 시대(기원
전 268~232년 무렵 재위. 즉 불멸후 100여 년 무렵) 인도 각 지역에 전
도사가 파견되고 스리랑카에도 마힌다들의 전도사가 파견된 것이
그 초전(初傳)으로 간주된다. 이 스리랑카에서 또한 미얀마나 타
이 등으로 불교는 전파하고 있었다.

대승의 성립과 전개

부파불교는 출가의 비구들에게 지탱되며 교의의 세밀한 연구가
상당히 행해지게 되며, 점차 전문화·고답화해 간다. 그 결과 민
중으로부터 어느 정도 유리되었다는 것도 부정할 수 없다. 그러한
가운데 대승불교는 부파불교를 소승불교라 불렀던 것이다.

대승불교에는 대중부를 비롯해 확실히 부파의 사상도 받아들
이고 있다. 그러나 교단사의 관점에서 본다면 부파불교와 결합하

는가, 하지 않는가 하는 의견도 있다. 부파불교는 출가주의를 지향하는 반면 대승불교는 재가불교도 함께 중시하기 때문이다. 히라카와 아키라(平川彰)는 그 대승불교 교단으로서의 거점을 불탑 교단에서 구했다(『초기대승불교의 연구』, 슌주샤). 다만 오늘날에는 이 설도 재검토되고 있고 그 모태로서 역시 대중부는 유력시되기도 한다.

초기대승의 사상은 『반야경』·『화엄경』·『법화경』·『무량수경』·『유마경』·『승만경』 등에서 볼 수 있다. 거기에서는 다 같이 아·법 모두 공인 것, 일체 법은 공을 본질로 하는 것이 설해져 있다. 그리고 일체의 대상에 대한 집착을 완전히 끊었을 때 참으로 자유이며 참으로 생생한 주체인 자기가 실현되는 것을 설했다. 대승경전은 각각의 계열대로 (『반야경』 계통·『법화경』 계통과 같이), 그것을 받들어서 선포하는 신앙집단이 있었을 것이다. 그 집단이 어떠한 형태로 교단을 형성한 것인가 혹은 흩어져 사라져 버린 것인가, 그들의 일은 분명하지 않다.

대승 사상의 학문적 규명은 나가르주나에서 비롯하는 중관파, 마이트레야(미륵)·아상가(무착)·바수반두(세친)에서 시작하는 유가행파(유식파)의 두 학파에서 진전했다. 두 학파 모두 일체법공의 진실을 깨달아 증득하려고 지향하는 점에서는 같다. 두 학파의 역사적인 계보는 231, 247쪽의 표와 같다.

또한 이 책에서는 상세히는 기술할 수 없었지만, 유식의 학설에 큰 영향을 미친 디그나가(陳那)는 불교논리학을 완성하고 다른 학파(논리학을 전문으로 한 니야야학파 등)에도 큰 영향을 미친다. 이

불교논리학은 다르마키르티(法稱)에 의해서 더욱 상세히 논해지며 그리스 등과는 달리 독자적으로 극히 고도의 논리학을 완성시켰다. 이것들도 인도 후기불교의 커다란 사상적 유산이다.

소승과 대승의 공존

이상은 제5장까지의 간단한 정리이다. 그런데 대승불교가 흥기하고 사상적으로 고도로 전개했다고 해도 부파불교가 소멸해 버린 적이 없었다. 오히려 교단의 세력에서는 부파불교 쪽이 유력했던 것 같다.

현장은『대당서역기(大唐西域記)』에서 소승을 배우는 곳이 60여 개소, 대승을 배우는 곳은 20여 개소, 대승과 소승을 함께 배우는 곳이 15여 개소로 언급하고 있다. 이렇게 보면 다수의 사원에서 부파불교가 연구되고 있었던 것이 된다.

그리고 현장이 인도를 다녀온 뒤 얼마 되지 않아 인도를 다녀온 의정(635~713)의『남해기귀내법전(南海寄歸內法傳)』에 의하면 671년에서 695년의 인도 기행 중에 견문한 당시의 불교계의 상황에 관해서 대중부·상좌부·설일체유부·정량부의 네 개 부파가 대부분이며, 특히 대승만을 연구하는 사원은 없었다고 한다. 북은 설일체유부, 남은 상좌부가 왕성하였으며, 동은 각부파가 섞여 있었고, 서는 정량부가 유력했다고 한다.

이들 부파교단 중에서 특히 보살을 예배하고 대승경전을 배우는 사람은 대승불교도이며 보살의 예배와 대승경전을 배우지 않는 것을 소승이라 한다. 거기서 대승의 유력한 두 학파인 중관파와 유식학파가 출현했던 것이다.

하여튼 사원에 의거해서 주로 교학연구에 전념하고 있었던 스님은 석존 이래 전통적으로 계승되고 있는 율(律, 부파 교단마다 전지)을 보존하고 있었던 것 같다. 인도에서는 석존 이래 교단에 뿌리를 내리지 않는 한, 아무리 정법을 고취해도 정통 불교라고 인정되지 않았던 것이다.

한편 민중의 대승불교도는 인도 사회 중에서는 힌두교의 일파와도 융합하여 특히 이슬람 침입 이후는 힌두교에 동화하는 형태로 신앙을 보존하고 있었던 것 같다. 불교적인 반야바라밀을 숭배하는 사람들이 표면적으로는 불교도라고 공적으로 칭하지 않는 사례도 확인되고 있다(인도 남동부의 오리샤주 등에서 행해지고 있는 법의 예배. 1910년경 제작되었던 이 종파의 문헌이 연구되었다).

밀교의 흥륭

한편 650년경부터 밀교가 성립해 간다. 지금까지도 밀교적인 사상은 대승경전 등에 흩어져 발견되었지만 650년 전후의 『대일경(大日經)』이나 『금강정경(金剛頂經)』의 성립을 가지고 순수한 밀교의 출현으로 보는 것이다. 밀교에서는 몸으로 인(印)을 묶고 입으로 진언을 주창하고 마음으로 본존을 염불하여 삼매에 들어갈 때, 즉신성불(即身成佛)한다고 설한다. 그것도 유가행의 하나이며 유식의 교리도 상당히 들어 있다.

그러나 그 즉신성불의 방법은 대승불교의 수도론을 비판적으로 초월하려고 한 것이다. 밀교는 석존의 설법이 아니라 법신불로서의 대일여래의 설법에 다름 아니라는 주장에서도, 대승불교를 초극하려는 자세가 보인다. 밀교는 그 사상의 대부분을 대승불교에 의거하면서 나아가 그것을 초월하려고 하고 있는 것이다.

현장이 전한 나란다 사원의 문양에 밀교는 나오지 않는다. 그러나 중국에 『대일경』을 전한 슈바카라싱하(선무외, 637~735)는 나란다 사원에서 밀교를 전수했다고 한다.

티베트에 불교를 전한 샨타라크쉬타(적호, 725~790년경)는 두 번째의 티베트 입국에는 밀교스님인 바드마상브하바를 데리고 간다. 이들 두 사람 모두 나란다 사원의 스님이었다. 소승의 계율과 대승공관의 학문, 밀교의 수행을 중시한 아티샤(982~1054)는 처음 나란다 사원에서 배우고 뒤에 비크라마시라 사원의 좌주가 되며, 1042년경에는 티베트에 초대를 받아 그러한 인도불교를 강의했다.

중인도나 동인도를 중심으로 번영한 파라 왕조(750~1199년경)가 밀교를 신봉했기 때문에 밀교는 그 지역을 중심으로 오래도록 번영한 것이다. 불교의 밀교화는 불교의 힌두화이며 또한 힌두의 불교화이지만 적어도 이것을 통해서 민중 불교도의 힌두화하는 보다 용이하게 되었던 것이다.

파라 왕조는 밀교뿐만 아니라 불교를 지지했기 때문에, 이 시대 불교는 상당히 번영했다. 나란다, 오탄따부리, 바지라사나(붓다가야), 비크라마시라 지역의 각 사원은 사대사(四大寺)로서 불교 연구의 중심지였다. 그 외에도 소마푸라 대사원이나 자가타라 대사원 등 유력 사원이 있었다. 그중에서도 비크라마시라 등(800년경에 건립함)은 장대한 사원이었다. 중앙에 커다란 불전이 있고, 그 주위에는 53개의 밀교 사원과 54개의 일반 사원이 있고 성곽과 같이 담벽으로 에워싸여 있었다. 베야바라왕의 시대(11세기경), 라트나카라산티, 프라즈냐카라마티, 즈냐냐스리미트라 등 육현문(六賢門)이라고 일컬어지는 고명한 학승이 있었다.

이슬람 침공과 인도불교의 쇠망

1203년, 비크라마시라 사원은 이슬람 세력에 의해 파괴되었다. 이것이 인도 불교의 종언으로 간주된다. 성곽에 머물면서 기도하고 있었던 불교스님의 일단은 이슬람에 있어서 쉬운 공격의 표적이었다. 이슬람 세력에게 사원들은 철저하게 파괴되어 다수의 승려가 살해되었다. 다만 그중에는 티베트에서 목숨을 부지한 승려들도 있었다.

또한 이슬람의 진격 때문에 불교스님이나 불교도가 인도에서 모두 사라진 것은 아닌 것 같다. 각종 보고에 의하면 16세기에도 인도의 복수 지역에서 불교가 잔존하고 있었다. 나아가 앞에서도 기술한 바와 같이 힌두교에 동화하는 형태로 불교의 신앙을 존속시킨 자도 많이 있었던 것 같다. 그렇다고 해도 이슬람에 의한 불교스님 혹은 불교교단의 박해는 불교에 있어서 커다란 타격이었다.

중국의 불교와 티베트불교

불교는 그와 같이 인도에서는 소멸하였지만 다른 나라에 들어 감으로써 그 지역에서 계속해서 생존했다. 중국에서는 나가르주 나나 아상가, 바수반두의 사상, 그 뒤의 중관·유식 두 학파의 사 상, 밀교 등등으로 항상 인도불교의 새로운 파도가 유입했다. 또 한 선이나 염불과 같은 형태로 중국의 독자적인 불교가 육성되기 에 이르렀다.

불교는 시간을 두지 않고 한국과 일본에 전해졌다. 또한 한국 에서는 독자의 불교, 즉 원효의 화엄종이나 지눌의 선불교 등으로 발전했으며, 일본에서는 친란(親鸞)이나 일련(日蓮)의 종교 등을 발달시켰다.

인도 후기의 불교가 상당히 순수한 형태로 이식된 나라가 티베 트이다. 그것은 761년, 티송데쩬왕의 시대에 샨타라크쉬타를 환영 했을 때부터 시작한다. 샨타라크쉬타는 인도 철학 각파의 사상을 철학적인 주제(인식이나 언어 등의 문제)마다 비판한 저서 『타트바 상그라하(진리강요)』도 저술한 석학이다. 나아가 같은 나란다 사 원의 카말라쉴라 등도 티베트에 들어가 티베트에서 순수한 인도 불교 전통의 초석을 구축했다.

티베트불교에는 한편으로 토착의 종교와 습합한 흐름도 있 고, 한때 스님들의 부패도 진행되지만, 불교의 개혁운동을 일으 키고 게룩파를 흥기하여 티베트불교를 완성시킨 것이 쫑카파 (1357~1419)이다. 쫑카파는 아티샤에게 사숙하고 중관파의 찬드

라키르티의 사상을 중시했다. 수행의 차례(방법과 단계)를 설한
『람림(보리도차제론)』등의 대저를 저술한다.

2. 대승불교과 후대불교

일본불교의 각 계통

다음으로 일본의 불교가 인도에서 발상한 불교와 어떠한 관계
가 있는가를 정리해 보자. 일본불교에는 나라[奈良]불교의 삼론
종 · 성실종 · 법상종 · 구사종 · 화엄종 · 율종(南都六宗)이 있고, 헤
이안[平安]불교의 천태종 · 진언종이 있으며, 나아가 가마쿠라[鎌
倉]불교의 정토종 · 정토진종 · 시종 · 임제동 · 조동종 · 일련종 등
이 있다.

이 가운데 남도육종의 구사종은 『구사론』을, 성실종은 『성실
론』을 연구하는 학파이지만 실제로 구사종은 법상종 안에서, 성실
종은 삼론종 안에서 연구되었다. 이 구사종과 성실종은 대승은 아
니지만 다른 것은 모두 대승불교이다.

삼론종은 나가르주나의 『중론』 · 『십이문론』, 그 제자 아리야데
바의 『백론』 이렇게 세 개의 논서를 연구하는 학파이며 중관파의
흐름을 따르는 것이다. 실제로는 중국의 가상대사 길장(吉藏)의
교학을 배운다.

법상종은 바수반두의 『유식삼십송』을 근본으로 하는 『성유식

론』의 교학을 연구하는 학파이며 유가행파의 흐름을 따른다.『성유식론』에는 현장 삼장이 인도에서 가지고 귀국한 각종 철학이 수용되었다.

화엄종은『화엄경』에 근거한 사상을, 중국 당나라 시대의 법장이 이론적·체계적으로 정리한 교학을 배우는 학파이다. 법장의『화엄오교장』·『화엄경탐현기』가 주된 성전이 된다.

율종은 각 종파에 공통이며 교단의 기초가 되는 계율을 배우는 것이다.

다음으로 천태종은 중국 수나라 시대의 천태지의(天台智顗)가『법화경』을 근거로 독자의 교학을 구축한 천태교학을 연찬하는 종파이다. 그러나 종조인 최징(最澄)은 천태교학뿐만 아니라 율·선·밀교(律·禪·密敎)도 받아들였다.

진언종은 인도 대승불교의 상당한 후기(650년경)에 출현했다고 하는 밀교를 신봉하는 종파이다. 밀교는『대일경』·『금강정경』을 소의 경전으로 한다. 종조인 공해(空海)는 중국에서 혜과(惠果)로부터 밀교의 모든 것을 상승하고『비밀만다라십주심론(秘密曼茶羅十住心論)』등을 저술하여 장대한 사상체계를 확립했다.

가마쿠라[鎌倉]불교 가운데 정토교 계통의 각 종파는『정토삼부경(淨土三部經)』을 근거로 한다. 또한 정토교에도 다양한 형태가 있지만 일본의 정토교는 중국의 정토교의 역사 중에서도 특별히 담란(曇鸞)·도작(道綽)·선도(善導)의 흐름을 따르는 것이다. 정토종은 법연(法然), 정토진종은 친란(親鸞), 시종(時宗)은 일편(一遍)이 종조이다. 일체를 완전히 버린 유행성(遊行聖)이었다.

임제종·조동종은 선종이다. 선종은 보리달마가 인도에서 중국에 와서 전했다고 한다. 그것은 중국민족 속에서 육성된 불교이며 좌선 중에서 모든 불법이 섭취되고 있다고 한다. 특정의 경론을 소의로 하는 것은 아니지만, 『반야경』 등은 친한 것이다. 일본의 임제종은 영서(榮西), 조동종은 도원(道元)이 종조이다. 일련종은 일련이 당시의 염불종의 유행에 대응하여 『법화경』의 복권을 기하여 천태교학을 모태로 흥기한 신종이다. 『법화경』의 제목=묘법연화경에서 『법화경』의 모든 것이 섭취되고 있다고 하여, 이것(南無妙法蓮華經)을 입으로 부르는 창제행(唱題行)을 제창했다.

또한 현대의 소위 신종교 중에 불교계통의 교단이 다수 보이지만, 그것들에는 『법화경』을 소의로 하는 교단이 많다. 이와 같이 일본불교의 다수는 논서보다도 경전에 의거하는 대승불교라는 특징이 있다.

불교의 근본에 있는 '깨달음'이란?

이렇게 보면 불교의 역사는 깊고, 그 전파 지역도 광대하며 다양한 불교의 형태가 있음을 알 수 있다. 그 어느 것도 불교라고 말할 수 있기 위해서는 역시 무언가 공통의 요소가 확인되지 않으면 안 될 것이다. 도대체 그것은 무엇에서 구해질 수 있을까?

불교라고 말하는 이상, 거기에는 붓다(각자)의 깨달음에 근거한 법이 설해지며 최종적으로 그 깨달음을 지향하지 않으면 안 된다. 가령 정토교라고 해도 궁극의 목표는 깨달음이다. 친란도 『정상말

화찬(正像末和讚)』의 처음에 '미타의 본원을 믿어야 한다. 본원을 믿는 사람은 모두 섭취하여 버릴 수 없는 이익에서 무상정등각을 깨닫게 된다.'라고 노래한다.

그렇다면 그 무상의 깨달음이란 도대체 무엇인가? 석존은 무엇을 깨달았던 것인가? 이것을 일의적으로 규정하는 것은 어렵다. 이미 『아함경』(니카야)이나 율장의 불전에서 석존의 깨달음에 대한 기술은 다양하다. 대승불교에서는 그 깨달음에 새로운 표현을 부여하고 있다(『화엄경』). 석존의 깨달음의 해석은 불교 속에서 실로 다양하다. 어떤 의미에서는 석존의 깨달음은 이것이라고 신앙하는 것이 불교의 각 종파라고 말할 수 있다.

그런데 대승불교라고 하면 그 깨달음의 내용에는 적어도 자아도 존재도 공이라는 것이 포함되지 않으면 안 된다. 깨달음은 일체법공을 여실하게 증득하는 것이다. 그것은 일상의 자아와 세계가 철저하게 해체되어 가는 것을 동반한다. 세속의 언어 · 제도 · 무의식 등의 구속의 일체가 근저에서 타파되어 가는 것이다. 거기서 참된 실상을 깨달을 때 오히려 자리이타원만(自利利他圓滿) 자각각타원만(自覺覺他圓滿)의 주체를 실현한다고 한다. 공성의 깨달음에 있어서 영원히 사람들을 구제하여 멈추지 않는 주체가 성립한다(眞空妙用). 그 주체는 어떠한 의미에서도 무조건 · 무차별의 자비의 작용(일점의 인연도 없는 대비)으로 활동하는 것이다. 대승불교는 그 자비의 작용과의 만남을 담당한 사람들이 그 감동을 말해 왔던 것이다.